अपनी पर्सनैलिटी को पहचानें

लेखक की अन्य पुस्तकें

अपनी पर्सनैलिटी को पहचानें

डॉ. आशुतोष कर्नाटक

www.prabhatbooks.com

प्रकाशक

प्रभात पेपरबैक्स

4/19 आसफ अली रोड, नई दिल्ली–110002

फोन : 23289555 • 23289666 • 23289777 ❖ फैक्स : 23253233

इ–मेल : prabhatbooks@gmail.com ❖ वेब ठिकाना : www.prabhatbooks.com

संस्करण

प्रथम, 2014

मूल्य

एक सौ पच्चीस रुपए

अ.मा.पु.स. 978-93-5186-054-9

मुद्रक

भानु प्रिंटर्स, दिल्ली

★

APANI PERSONALITY KO PEHCHANEN
by Dr. Ashutosh Karnatak

Rs. 125.00

Published by **Prabhat Paperbacks** (A Division of Prabhat Prakashan)
4/19 Asaf Ali Road, New Delhi-2

ISBN 978-93-5186-054-9

यह पुस्तक मेरे पूज्य पिताजी
स्व. जगदीश चंद्र कर्नाटक को
समर्पित है, जो एक सफल ज्योतिषी
तथा इस विज्ञान के प्रति समर्पित थे।
उन्हीं के आशीर्वाद से
यह पुस्तक संपन्न
हो पाई है।

दो शब्द

इस पुस्तक का उद्देश्य किसी व्यक्ति विशेष द्वारा अपने को पहचानना है, अर्थात् यह पता लगाना है कि उसके क्या गुण हैं और क्या अवगुण। जहाँ अवगुणों में सुधार करना है, वहीं अपने गुण या शक्ति से लाभ उठाना है, ताकि सफलता हाथ लगे व जीवन सुखी बने।

इस हेतु पुस्तक में चार माध्यमों द्वारा अपनी पहचान करने की विधि बताई है—

- सूर्य-चिह्न द्वारा,
- अंक विशेषांक द्वारा,
- लेखन विश्लेषण द्वारा और
- मुखाकृति अध्ययन द्वारा।

सूर्य-चिह्न के अध्ययन में सूर्य के वर्ष भर में बारह राशियों के भ्रमण से होनेवाले फलों का अध्ययन किया गया है, जहाँ 21 मार्च से 20 अप्रैल तक जन्म लेनेवाले व्यक्ति का सूर्य-चिह्न मेष है, वहीं 19 फरवरी से 20 मार्च तक जन्म लेनेवाले व्यक्ति का सूर्य-चिह्न मीन है तथा इसके मध्य में सूर्य अन्य राशियों में विचरण करता है, उसी के अनुसार सूर्य-चिह्न भी परिवर्तित होता है। प्रत्येक सूर्य-चिह्न की विशेषताओं, जैसे चारित्रिक विशेषताएँ, धन अवस्था, पारिवारिक जीवन, स्वास्थ्य, भाग्यशाली दिन इत्यादि विषयों का उल्लेख किया गया है, ताकि व्यक्ति विशेष को अपने बारे में जानकारी हो सके।

विशेषांक विधि में व्यक्ति के जन्मांक व नामांक का योग किया जाता है, जो अंक प्राप्त होता है, उसे विशेषांक कहते हैं। जन्मांक, नामांक तथा विशेषांक ऐसे अंक हैं, जिनका व्यक्ति विशेष के जीवन में विशेष महत्त्व रहता है। प्रत्येक अंक का किसी न किसी ग्रह से संबंध है। उसी आधार पर

अंक की विशेषता का उल्लेख किया गया है, ताकि व्यक्ति विशेष सफलता के लिए उपयुक्त अंक का प्रयोग कर सके। नामांक निकालने के लिए 'कबाला विधि' का प्रयोग किया गया है।

लेखन विश्लेषण से गुणों का ज्ञान आधुनिक समय में प्रचलित हो चला है। पश्चिमी देशों के व्यवसाय में चयन करते समय उसके लेखन का अध्ययन भी किया जाता है, जिससे यह पता लगाया जा सकता है कि व्यक्ति विशेष की प्रवृत्ति क्या है, जिससे उस संस्था विशेष को लाभ हो सके। पुलिस विभाग वाले भी दोषी व्यक्ति के लेखन से पता लगा सकते हैं कि वह व्यक्ति सच बोल रहा है या झूठ।

मुखाकृति विज्ञान भी अपने आप में एक अनूठा शास्त्र है, जिसका अध्ययन चीन जैसे देश में काफी प्रसिद्ध है। व्यक्ति विशेष का चेहरा देखकर यह पता लगाया जा सकता है कि उसका स्वभाव कैसा है, उसका जीवन कैसा रहेगा? सफलता जीवन के पूर्वार्द्ध में मिलेगी या उत्तरार्ध में? इसके अतिरिक्त मुखाकृति अध्ययन से व्यक्ति की विश्वसनीयता तथा जीवन की घटनाओं का भी पता लगाया जा सकता है, जिसकी पुष्टि ज्योतिष विज्ञान अथवा हस्तरेखा विज्ञान से विश्लेषित घटनाओं से की जा सकती है। वस्तुत: यह अध्ययन मूल विज्ञान अर्थात् ज्योतिष विज्ञान का पूरक है।

इन चारों विधियों के मिश्रण से व्यक्ति विशेष अपनी पहचान पा सकता है या अपने गुणों या अवगुणों को जान सकता है। जिसका लाभ अपने सामान्य जीवन में, अपने वातावरण अर्थात् माता-पिता, मित्र, जीवनसाथी, वरिष्ठ अधिकारी व अधीनस्थ कर्मचारी अथवा सहयोगी को पहचानने में किया जा सकता है। उसी के अनुसार अपने जीवन का प्रबंधन सफल विधि से किया जा सकता है।

आशा करता हूँ, यह पुस्तक सभी पाठकों को पसंद आएगी, क्योंकि यह अपने प्रकार की एक अनूठी पुस्तक है। इसमें वह सब है, जो अपनी पहचान के लिए आवश्यक है।

अंतत: उन सभी लोगों को धन्यवाद देना चाहता हूँ, जिनके सहयोग से यह प्रयास संपन्न हो पाया है।

सर्वप्रथम मैं श्रीमती मृणाल पांडे (पत्रकार) तथा प्रो. पुष्पेश पंत, जवाहर लाल नेहरू विश्वविद्यालय, नई दिल्ली को धन्यवाद देना चाहता हूँ, जिन्होंने मुझे 1989 में साप्ताहिक 'हिंदुस्तान' पत्रिका में लिखने का अवसर दिया, जिससे मेरी लेखन प्रतिभा को बल मिला। यदि वह प्रथम अवसर न मिलता तो आज यह पुस्तक भी संभव न होती।

इसके अतिरिक्त पत्नी विदुषी व पुत्र तनय-प्रनय का सहयोग भी सराहनीय है।

अंततः यह पुस्तक मैं अपने पिताश्री स्व. जगदीश चंद्र कर्नाटक को समर्पित करना चाहता हूँ, जिनके दिए गए गुणों के कारण ही मैं यह पुस्तक लिखने में समर्थ हो पाया।

—डॉ. आशुतोष कर्नाटक

अनुक्रम

अपनी पहचान विशेषांक द्वारा

अपनी पहचान सूर्य-चिह्न द्वारा

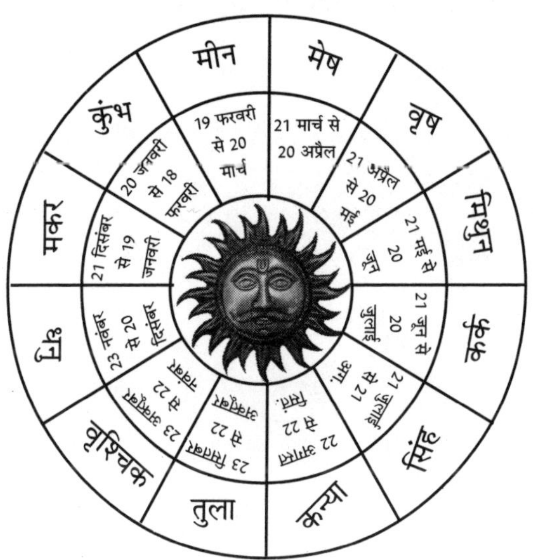

सूर्य-चिह्न अर्थात् जन्म समय में सूर्य जिस राशि में रहता है, के आधार पर पूरी जनसंख्या को बारह भागों में बाँटा जा सकता है। यद्यपि यह इतना विशेष नहीं कहा जा सकता, क्योंकि एक ही सूर्य-चिह्न में जहाँ एक भिखारी का जन्म होता है, वहीं एक राजनीतिज्ञ, अभिनेता अथवा अधिकारी का। इन सबका भाग्य अलग-अलग होता है। यहाँ पर यह कहना आवश्यक है कि ज्योतिष शास्त्र देश, काल व परिस्थिति पर आधारित होता है। इसी कारण व्यक्तियों का भाग्य भिन्न-भिन्न होता है। इतना तय है कि अच्छे भाग्य में पैदा होनेवाला बच्चा उस गाँव का सरपंच बन सकता है, जबकि शहर में उसी समय पैदा होनेवाला बच्चा लोकसभा का सदस्य बन सकता है।

पृष्ठ 7 पर दिए गए सूर्य चित्र को देखकर अपना सूर्य-चिह्न पहचाना जा सकता है, जिसका विवरण आगे दिया गया है।

सूर्य सबसे प्रभावशाली खगोलिक पिंड है, जो वर्ष भर में बारह राशियों अर्थात् मेष से मीन तक का भ्रमण करता है। प्रत्येक सूर्य पिंड की अपनी विशेषताएँ होती हैं, जिसके द्वारा व्यक्ति के जीवन विशेष का पता लगाया जा सकता है। यह जानकारी जीवन प्रबंधन में लाभप्रद सिद्ध होती है।

मेष

(21 मार्च से 20 अप्रैल)

सायन व्यवस्था के अनुसार 21 मार्च से 20 अप्रैल तक जन्म लेनेवाले जातकों का सूर्य-चिह्न मेष होता है। मंगल इस चिह्न का स्वामी होता है।

चारित्रिक विशेषताएँ: प्राय: वे लोग गतिशील व्यक्तित्ववाले होते हैं। इनके अंदर इतनी शक्ति व क्रियाशीलता होती है कि किसी भी कार्य में इनकी गति को कम करना मुश्किल हो जाता है। इन्हीं गुणों के कारण लोग खतरा महसूस करने के बावजूद नए कार्य को करने में घबराते नहीं हैं। इनका दिमाग अपेक्षाकृत अधिक सशक्त होता है, पर अत्यधिक गतिशील होने के कारण कार्य पहले कर लेते हैं और उसके परिणाम बाद में सोचते हैं। इनका दिमाग कभी भी निष्क्रिय नहीं रहता है, बल्कि नई-नई योजनाओं से भरपूर रहता है। ये अपने आपमें इतना गर्व करते हैं कि यदि कोई इनकी थोड़ी सी भी आलोचना करे, तो ये तिल का ताड़ बनाकर अपने आपको सही सिद्ध करने का प्रयास करते हैं। इसी गुण के कारण किसी भी कठिनाई या आघात का बड़े साहस से सामना करते हैं। ऐसा कहा जाता है कि ये लोग जन्मजात नेता होते हैं, इसीलिए ये दूसरों की सलाह को पसंद नहीं करते हैं, अपनी इच्छानुसार कार्य करते हैं। हर एक मेष सूर्य-चिह्न का जातक नेता या उच्च पद पर आसीन नहीं हो सकता है, अत: जो जातक ऐसे कार्यों में होते हैं, जहाँ उन्हें निर्णय लेने की स्वतंत्रता नहीं होती है, वे लोग प्राय: तनावग्रस्त व निरुत्साहित हो जाते हैं। इसके अतिरिक्त ऐसी कोई भी वस्तु या विषय, जो इन्हें पसंद नहीं आता है, उन्हें बदलने में तनिक भी नहीं हिचकिचाते

हैं। ये लोग किसी भी अवसर का इंतजार नहीं कर सकते हैं। किसी भी अवस्था या आपात कालीन स्थिति में ये लोग कार्य करने में सफल होते हैं अथवा कोई ऐसा कार्य, जिसमें नेतृत्व की आवश्यकता हो तो वहाँ ये लोग पूर्णरूप से खरे उतरते हैं। ये लोग अपनी इच्छाओं का दूसरे के लिए दमन नहीं कर सकते हैं। अपनी इन इच्छाओं व लक्ष्यों की पूर्ति के लिए कई कार्य एक ही समय में करना चाहते हैं, ताकि दूसरों को ये अपनी कार्यक्षमता दिखा सकें। इन सब गुणों से इन लोगों में अहं का प्रादुर्भाव होता है, जिससे इनमें 'मैं' नामक शब्द का बार-बार प्रयोग करने की इच्छा होती है।

धन अवस्था : इन लोगों में धन कमाने की प्रबल इच्छा होती है, इसलिए ये लोग एक से अधिक कार्यों से धन प्राप्त करना चाहते हैं, पर धन इकट्ठा नहीं कर पाते हैं। ये लोग प्राय: अत्यधिक व अनावश्यक खरीददारी में धन का अपव्यय करते हैं और बाद में पछताते हैं। किसी योजनानुसार ये लोग धन खर्च नहीं करते हैं, ये लोग प्राय: भविष्य की चिंता कम करके वर्तमान के बारे में सोचते हैं। ये लोग कभी भी बजट की न तो संरचना ही करते हैं और न ही प्राथमिकतानुसार खर्च करते हैं, पर दूसरों को मितव्ययी होने का उपदेश देते हैं। किसी भी व्यापार में किसी सहयोगी के साथ कार्य करके ही धनोपार्जन कर सकते हैं। इनके जीवनसाथी या सहयोगी को चाहिए कि इनके इस गुण को पहचान कर धन इकट्ठा करने में इनकी सहायता करें।

घरेलू व वैवाहिक जीवन : प्रेम संबंधों में ये लोग बहुत उदार होते हैं। इनका अच्छा स्वभाव व व्यक्तित्व विपरीत लिंग को सहज ही आकर्षित कर लेता है। मेष सूर्य-चिह्न की पत्नियाँ स्वतंत्र व्यक्तित्व व हाजिरजवाब होती हैं। इनको अपनी खूबसूरती का ही अभिमान नहीं होता है, बल्कि अपने घर जीवन का भी अभिमान होता है। ये अपने पति व परिवार की काफी बढ़-चढ़ कर बड़ाई करती हैं, साथ-ही-साथ ये यह भी चाहती हैं कि इनके पति इनकी सेवा में हाजिर हों तथा इनकी प्रशंसा करें। ये उन्हीं पुरुषों से प्रेम कर सकती हैं, जो इनकी प्रशंसा करें। सिंह तथा धनु सूर्य-चिह्नवाले जातक इनकी इस इच्छा व आकांक्षा को पूरा कर सकते हैं। मेष सूर्य-चिह्न के लोग अच्छे पति साबित होते हैं। ये लोग खूबसूरत, चतुर व अच्छे व्यक्तित्ववाली महिलाओं

को अपना जीवनसाथी बनाने में विश्वास करते हैं। प्राय: इनकी पत्नियाँ इनके धनोपार्जन में भाग्यशाली साबित होती हैं। जैसा कि पहले कहा जा चुका है कि इनकी पत्नियों को चाहिए कि यदि ये लोग प्रेमवश उनके लिए उपहार लाते हैं, तो उनको ये सावधान करें कि जो भी खर्च करें अपने बजट के अनुसार ही करें। इनकी संतान प्राय: उग्र स्वभाव की होती है और कुछ नया करने की उत्सुक होती है। परिवार में ये लोग चाहते हैं कि जो भी कार्य हो, इनकी सलाह से हो।

व्यवसाय : इनका जन्म जात नेता होने का गुण इनके व्यवसाय को भी प्रभावित करता है। अत: ये लोग उस व्यवसाय को चुनते हैं, जिसमें कार्य व निर्णय लेने की संभावना होती है। प्राय: ये लोग सेना में उच्च पदों पर कार्यरत देखे गए हैं। इसके अतिरिक्त ये लोग अच्छे डॉक्टर, फिजीशियन, केमिस्ट भी होते हैं। फैक्टरियों में काम करनेवाले कर्मचारी, स्टील या लोहे के कार्य में व्यस्त जातक, खेल इत्यादि के सामान के बनाने व बेचनेवाले, इस चिह्न से प्रभावित रहते हैं।

स्वास्थ्य : ये जातक हर तरह की मनोवैज्ञानिक बीमारियों से ग्रस्त रहते हैं, लेकिन फिर भी अच्छे स्वास्थ्य के परिचायक रहते हैं। इनको चाहिए कि कार्य व आराम के बीच एक संतुलन बनाए रखें। अधिक कार्य करने के कारण इनको मानसिक असंतुलन का सामना करना पड़ सकता है। इन जातकों के जीवन में दुर्घटना आदि होने की संभावनाएँ भी अधिक रहती हैं। सिर दर्द, जोड़ों का दर्द, दिमागी बीमारियाँ, मुहाँसे, मलेरिया, दाँतों का दर्द आदि बीमारियाँ साधारणतया परेशान करती हैं। यद्यपि इन लोगों के शरीर के अवयव संक्रामक रोगों से आसानी से प्रभावित नहीं होते, फिर भी इन जातकों को सावधानी रखनी चाहिए। इसके अतिरिक्त कार इत्यादि चलाने या नुकीली वस्तुओं से कार्य करने में सावधानी बरतनी चाहिए। व्यायाम के संबंध में इन लोगों को अधिक ध्यान ऐसे व्यायाम पर रखना चाहिए, जिससे इन्हें मानसिक शांति मिले और शरीर तथा दिमाग का अच्छा संतुलन बना रहे। ये सब व्यायाम एक कुशल नेता बनने में इनके सहायक होते हैं। कोई भी कार्य ऐसा नहीं करना चाहिए, जिसमें जोखिम की संभावना हो।

मित्रता : प्राय: ये लोग दूसरों से मित्रता करने का यत्न करते रहते हैं, लेकिन उग्र स्वभाव के कारण उनसे वाद-विवाद में उलझ जाते हैं, इस तरह इन्हें अच्छे मित्रों का नुकसान होता है। यद्यपि इनकी मित्रता तो सबसे होती है, पर कुछ मित्र ऐसे होते हैं, जो जीवन भर साथ निभाते हैं। चूँकि इनका स्वभाव अधिकतर उग्र भावनाएँ लिये होता है, जो कि इनके निर्णय संबंधी कार्यों में बाधक होता है। अत: इन्हें चाहिए कि कोई भी निर्णय लेते समय मित्रों से भी सलाह कर लें, यह इनके हित में होगा।

आहार : वैसे तो हर किसी को आहार के संबंध में सावधान रहना चाहिए, पर विशेषकर इन जातकों को तामसी भोजन से परहेज करना चाहिए। यह इनके व्यवहार को अधिक उग्र बना सकता है। दूध से बने पदार्थ, बादाम, टमाटर, गाजर, नींबू तथा अंगूर आदि इनके आहार का मुख्य अंश होना चाहिए। इनके शरीर के अवयवों में मुख्यतया पोटैशियम फॉस्फेट नामक लवण अधिक मात्रा में मिलता है। यह लवण इन जातकों के स्नायुतंत्र तथा दिमागी संतुलन को ठीक रखने में सहायक होता है। यह लवण अधिकतर हरी सब्जियों, आलू, प्याज तथा सेब आदि में बहुतायत में पाया जाता है। शहद व नींबू पानी का प्रयोग भी इन जातकों के लिए लाभप्रद है। इन लोगों को सब्जियाँ अधिक खानी चाहिए। मांस, मछली व तामसी भोजन का निषेध रखना चाहिए।

ऋणात्मक गुण : इन जातकों को दूसरे लोगों के कार्य संबंधी निर्णय लेने के अधिकार को सम्मान देना चाहिए और यह नहीं सोचना चाहिए कि सब लोग इनके निर्णय को स्वीकार करेंगे या इनके अधीन रहेंगे। ये लोग उस समय तक दूसरों को नहीं समझते हैं, जब तक इनको बाहरी सहायता की आवश्यकता नहीं होती। तब इनका स्वार्थी व्यवहार सामने आता है। एक सफल व्यक्तित्व होने के लिए इनको दूसरों को उतना ही सम्मान देना चाहिए, जितना ये सोचते हैं कि दूसरों को इन्हें देना चाहिए।

भाग्यशाली दिन : प्राय: मंगल, शनि, शुक्र, सोम व रविवार इन जातकों के लिए अनुकूल हैं। अन्य दिन बृहस्पति व बुध वर्जित हैं।

भाग्यशाली रंग : प्राय: इन जातकों को नीला व लाल रंग का प्रयोग करना चाहिए, जो इनके मानसिक संतुलन को बनाने में सहायक होते हैं।

भाग्यशाली अंक : 1, 2, 3, 4, 7 व 9 इनका भाग्यशाली अंक है।

भाग्यशाली रत्न : माणिक व मूँगा इस सूर्य-चिह्न के शुभ रत्न हैं।

मेष राशि (21 मार्च से 20 अप्रैल तक) के कुछ प्रमुख व्यक्तित्व

क्रांतिकारी/राजनेता : एडोल्फ हिटलर, बी.आर. आंबेडकर, गुलजारीलाल नंदा, ज्योतिबा राव फुले, कस्तूरबा गांधी।

दार्शनिक एवं आध्यात्मिक : गुरु नानक।

खिलाड़ी : अजीत वाडेकर, दिलीप वेंगसरकर, गैरी कॉस्परोव, हंपी कोनेरू, मारिया शारापोवा।

उद्यमी : किरन मजूमदार शॉ, घनश्याम दास बिरला, लैरी पेज।

लेखक/कलाकार : माखनलाल चतुर्वेदी, लियोनार्डो दा विंसी, पं. रवि शंकर, बिस्मिल्लाह खाँ, चार्ली चैपलिन, राहुल सांकृत्यायन।

वैज्ञानिक : जेम्स वाटसन, अब्राहम मसलोव, लियोनार्ड यूलर।

□

वृष

(21 अप्रैल से 20 मई)

सायन व्यवस्था के अनुसार 21 अप्रैल से 20 मई तक जन्म लेनेवाले जातकों का सूर्य-चिह्न वृष होता है। शुक्र इस चिह्न का स्वामी होता है।

चारित्रिक विशेषताएँ : प्राय: ये लोग अपने निश्चय के पक्के व प्रयोगवादी होते हैं। ये प्रकृति व कला के प्रेमी होते हैं। ये लोग भौतिकवादी तथा अपने आराम को अधिक महत्त्व देनेवाले होते हैं। इंद्रियों का तप्तीकरण इनके लिए अनिवार्य सा होता है। ये लोग संसार में अपनी अमिट छाप छोड़ना चाहते हैं। इन लोगों में धैर्य व गरिमा के साथ-साथ सहनशक्ति भी होती है। ये लोग किसी भी कार्य को करने में समय लेते हैं और उसे अच्छी तरह करते हैं, जिसका परिचय इनके ऑफिस के कार्य, घर अथवा बगीचे से मिलता है, जो हर दृष्टि से सुव्यवस्थित रहता है। ये लोग आसानी से बाहरी प्रभावों से परेशान नहीं होते हैं। ये लोग किसी भी परिवर्तन के प्रति कड़ा रुख रखते हैं। किसी तरह का परिवर्तन इन्हें पसंद नहीं होता है। प्राय: ये लोग इन परिवर्तनों के प्रति भी सहनशील होते हैं, गर यदि इनको परेशान किया जाए तो इनको बहुत अधिक गुस्सा आ जाता है और ये किसी ज्वालामुखी के समान खतरनाक हो सकते हैं। ये लोग अपनी ऊर्जा को बिना किसी योजना के व्यर्थ नहीं करते हैं और समय का सदुपयोग करना भली-भाँति जानते हैं। ये लोग धन के प्रेमी तो होते ही हैं, पर साथ-ही-साथ अच्छे भोजन व अच्छे मिष्ठान के शौकीन भी होते हैं। इन लोगों पर दिमाग की तुलना में हृदय का नियंत्रण होता है। प्राय: ये लोग कोई भी निर्णय लेने से पहले उसका गुणात्मक विश्लेषण कर

लेते हैं। कोई भी व्यक्ति इन लोगों के द्वारा दिए गए परामर्श पर कार्य कर सकता है, क्योंकि इनका परामर्श निष्पक्ष तथा ईमानदारी से परिपूर्ण होता है। कूटनीतिज्ञता भी इन लोगों का एक गुण है। ये लोग दूसरों के बारे में अपनी जो भी राय बनाते हैं, वह बहुत कम ही गलत होती है। ये लोग किसी भी विषय पर अपनी बात व राय को सबसे ऊपर रखना चाहते हैं, चाहे इनका मित्रों से वाद-विवाद ही क्यों न हो जाए।

धन अवस्था : प्रायः इन लोगों को पैतृक धन की प्राप्ति होती है। इनको आराम तभी मिलता है, जब कुछ धन लाभ हो जाए, अन्यथा बेचैनी बनी रहती है। इन लोगों में धन संचय की क्षमता होती है। ये लोग धन की आवश्यकता के समय, उसे व्यय करते समय ध्यान रखते हैं। ये लोग न तो अधिक धन कमाने की इच्छा रखते हैं, न ही फँसे हुए धन को प्राप्त करने की चेष्टा करते हैं। ये लोग अपव्यय नहीं करते हैं। अधिकतर इनका धन संपत्ति इत्यादि में लगा रहता है। अर्जित किए हुए धन को पूर्णतया व्यय नहीं करते हैं, उसमें से कुछ-न-कुछ बचाकर ही रखते हैं। वास्तव में इनकी सफलता को इनके द्वारा संचित धन से ही मापा जा सकता है।

घरेलू व वैवाहिक जीवन : प्रायः अपने जीवनसाथी के चयन में ये लोग जल्दबाजी नहीं दिखाते हैं और यदि एक बार किसी के बारे में निश्चय कर लेते हैं, तो उसे प्राप्त करके ही रहते हैं। प्रेम इत्यादि के बारे में इनकी भावनाएँ काफी गहरी होती हैं। घर में ये किसी तरह की लड़ाई या संदेह पसंद नहीं करते हैं। इस सूर्य-चिह्न के जातकों की पत्नियाँ बहुत अच्छी होती हैं तथा इस सूर्य-चिह्न की पत्नियों के पति बहुत वफादार होते हैं। ये लोग अपने सामाजिक दायित्व को भी भली-भाँति निभाते हैं। अगर किसी कारणवश अपने जीवनसाथी से संबंधित किसी भी शिकायत या दुर्भावना का पता लगता है, तो उसे चुपचाप सह लेते हैं, पर कभी भी उसका जीवन बर्बाद नहीं करते हैं। ये लोग अपनी पत्नियों को बहुत चाहते हैं और उनकी इच्छाओं को किसी भी तरह पूरा कर, उन्हें प्रसन्न रखने का प्रयास करते हैं। ये चाहते हैं कि इनकी पत्नी अच्छे-अच्छे कपड़े व सौंदर्य प्रसाधनों का प्रयोग कर सुंदर बनी रहे। इससे दूसरी ओर वृष, सूर्य-चिह्न की पत्नियाँ, पत्नी व माँ दोनों की

भूमिका भली-भाँति निभाती हैं। ये प्रायः शांत व अपने तक ही सीमित रहती हैं। ये लोग एक ओर काफी अच्छे पति-पत्नी होते हैं और दूसरी ओर इतने ही अच्छे माता-पिता भी होते हैं। इन लोगों के घर में आराम व शांति रहती है। सुख-शांति, उन्नति, ख्याति इन लोगों के जीवन का उद्देश्य होता है। अपने अतिथि की अच्छी आव-भगत करते हैं, पर यदि अतिथि लोग अपने घर में इतना उचित सत्कार नहीं करते हैं, तो इन्हें बुरा लगता है।

व्यवसाय : प्रायः ये लोग ऐसे व्यवसाय की ओर अधिक आकर्षित होते हैं, जिनका कला इत्यादि से संबंध हो। इसमें इन्हें ऐसा लगता है कि वे अधिक सुरक्षित हैं, इसीलिए इस तरह के व्यवसायों का चयन करते हैं। ये वित्त का संचालन भी अच्छी तरह कर सकते हैं, तभी अर्थ एवं वित्त संबंधी व्यवसायों में पाए जाते हैं। ये लोग डिजाइन अथवा निर्माण कार्यों में रुचि लेते हैं, क्योंकि अंततः एक ऐसी वस्तु सामने आती है, जिसमें इनकी कलाप्रेमिता की झलक दिखाई देती है। ये लोग ऐसे व्यवसायों का चयन करते हैं, जिसमें अच्छा वेतनमान मिले, नहीं तो तब तक नौकरी करते ही नहीं हैं। इनका सुख-सुविधाओं संबंधी सामान, पेंटिंग, चमड़े के सामान इत्यादि से संबंधित व्यवसायों में रुझान रहता है, चाहे किसी भी व्यवसाय में ये लोग रहें। अपने कुशल प्रशासन व अनुशासन से अपने उच्चाधिकारी का मन जीत लेते हैं। यदि व्यवसाय में कोई भी जातक इनके साथ हो, तो उसे चाहिए कि अपनी नई-नई कल्पनाओं को लेकर इनके पास न आए। आर्किटेक्ट, ड्राफ्टमेन, पेंटर, डिजाइनर, दरजी, कार्टूनिस्ट आदि सभी इसी वर्ग में आते हैं।

स्वास्थ्य : प्रायः इन जातकों को टॉन्सिल, डिप्थिरिया, पायरिया, गले संबंधी बीमारियाँ, गैस्टिक इत्यादि बीमारियाँ घेर लेती हैं। मुहाँसे इत्यादि इन्हें अकसर हो जाते हैं। इनके स्वास्थ्य को सबसे अधिक खतरा तब हो जाता है, जब ये अपने प्राकृतिक गुणों का बहुत अधिक प्रयोग करते हैं। अत्यधिक आराम करने के कारण इनका व्यायाम इत्यादि में भी ध्यान नहीं रहता है। प्राकृतिक सौंदर्य से प्रेम इनके अच्छे स्वास्थ्य का कारण होता है। जो लोग आलसवश सौंदर्य का आनंद नहीं ले पाते हैं, उन्हें चाहिए कि बागवानी इत्यादि करें या सुबह-शाम टहला करें, जिससे वे अपने आपको प्राकृतिक

सौंदर्य के बीच पाएँगे। प्राय: अधिक भोजन प्रेम होने से इनका वजन काफी बढ़ जाता है। इस मोटापे को कम करने के लिए इन्हें चाहिए कि ऐसे व्यायामों का चयन करें, जिससे यह मोटापा कम किया जा सके। प्राय: इनमें से बहुत से जातक काफी स्वस्थ रहते हैं, जिन्हें कोई रोग इत्यादि परेशान नहीं करता है। जॉगिंग, गोल्फ, तैराकी अथवा नृत्य संबंधी व्यायाम विशेषत: लाभकर हैं। मानसिक तनाव को कम करने के लिए इनको संगीत, पेंटिंग तथा बागवानी आदि का सहारा लेना चाहिए।

मित्रता : प्राय: इन लोगों की मित्रता बहुत लोगों से होती है। विपरीत लिंग के मित्र भी बहुतायत में होते हैं। इनके मित्र काफी समझदार व धार्मिक किस्म के होते हैं, जो कि इन जातकों को भी धर्म इत्यादि के बारे में समझाते रहते हैं। कभी-कभी ये लोग अपने मित्रों से वाद-विवाद कर बैठते हैं।

आहार : ये लोग अच्छा खाना खाने के शौकीन होते हैं। इनको ऐसे भोजन की आवश्यकता होती है, जिससे इनकी त्वचा को लाभ हो। इनके शरीर के अवयवों में सोडियम सल्फेट नामक लवण मिलता है, जो शरीर से अधिक पानी को निकालने में सहायक होता है। यह सिरदर्द, पित्तरोग, इंफ्लूएंजा इत्यादि रोगों को कम करता है। यह लवण शरीर के पानी को ठीक तरीके से संचालित करता है। इसकी कमी से रीढ़ की हड्डी के ऊपर दर्द व रात को पसीना आता है। इन जातकों को गोभी, स्पिनैक, ककड़ी, प्याज आदि का प्रयोग अधिक करना चाहिए। इसके अतिरिक्त ऐसे भोजन का भी सेवन करना चाहिए, जिसमें आयोडीन की मात्रा अधिक हो।

ऋणात्मक गुण : अपनी बात में दृढ़ या जिद्दी रहना, इनकी सफलता में बाधक सिद्ध हो सकता है। चूँकि ये जिद्दी किस्म के होते हैं, इसलिए दूसरे के स्वतंत्र विचार व अधिकार को महत्त्व नहीं देते हैं। ये अपने घरवालों को अधिकार स्वरूप अपनी संपत्ति मानते हैं, न कि प्रेम स्वरूप। इसीलिए कभी-कभी अपने बच्चों से इनके संबंध अच्छे नहीं रहते हैं। वास्तव में ये लोग समय के साथ-साथ अपने को बदलने में कम सक्षम रहते हैं। इनको अपने अवगुणों को देखना चाहिए और अधिक सहनशील व उदार होने का प्रयास करना चाहिए।

भाग्यशाली दिन : मंगलवार को छोड़कर बाकी सभी दिन सामान्यतया इन जातकों के लिए अनुकूल होते हैं।

भाग्यशाली रंग : सफेद, हरा या गुलाबी रंग इन जातकों को पसंद आता है। इनको चाहिए कि इन रंगों का प्रयोग अपने वस्त्रों अथवा दीवारों इत्यादि में करें।

भाग्यशाली अंक : इस चिह्न का भाग्यशाली अंक 6 व 8 हैं।

भाग्यशाली रत्न : हीरा इस सूर्य-चिह्न के लिए शुभ रत्न माना गया है।

वृष राशि (21 अप्रैल से 20 मई तक) के कुछ प्रमुख व्यक्तित्व

क्रांतिकारी/राजनेता : अयातुल्लाह खोमेनी, गोपाल कृष्ण गोखले।

दार्शनिक एवं आध्यात्मिक : साईं बाबा, श्रीश्रीरवि शंकर, आदिशंकराचार्य, कार्ल मार्क्स।

खिलाड़ी : सचिन तेंदुलकर, ब्रायन लारा, डेविड बेकहम, आंद्रे अगासी।

उद्यमी : मार्क जुकेरबर्ग।

लेखक/कलाकार : सत्यजीत रे, रवींद्रनाथ टैगोर, माधुरी दीक्षित, विलियम शेक्सपीयर।

वैज्ञानिक : सिगमंड फ्रायड, मैक्स प्लैंक।

□

मिथुन

(21 मई से 20 जून)

सायन व्यवस्था के अनुसार 21 मई से 20 जून तक जन्म लेने वाले जातकों का सूर्य-चिह्न मिथुन होता है। बुध इस चिह्न का स्वामी होता है।

चारित्रिक विशेषताएँ : ये लोग मानसिक रूप से तेज व चपल होते हैं। लिखने व बोलने की क्षमता होती है। हृदय की अपेक्षाकृत, ये लोग दिमाग से अधिक नियंत्रित होते हैं। इन लोगों की गहरी मित्रता बहुत कम लोगों से ही होती है और किसी स्थान विशेष से भी लगाव कम ही होता है। दिमाग में अधिक चंचलता होने से विचारों में भी अस्थिर होते हैं। इनका संसार गतिमान होता है। ये लोग दूसरों को समझने में देर नहीं लगाते और उनके अनुसार अपने को ढाल लेते हैं तथा दूसरों के विचारों के अनुसार अपने आपको परिवर्तित करने में इन्हें देर नहीं लगती है। यद्यपि ये लोग भावनात्मक प्रदर्शन नहीं कर पाते, फिर भी संतान के प्रति अपने कर्तव्य का पालन करते हैं। अधिक खर्च करना पड़ता है, तो उसके लिए किसी से उधार लेने में भी नहीं चूकते हैं। ये लोग अपने आपको प्रायः इस धोखे में रखते हैं कि दिमाग में जो विचार विशेष आ रहा है, वह एकदम ताजा है जबकि ऐसा नहीं होता है। ऐसे लोग दूसरों से बातें करने में चपल होते हैं व किसी भी विषय के गुण-दोष को समझा सकते हैं पर नियंत्रण व प्रबंध क्षेत्र में अधिक सफल नहीं होते हैं। रोजमर्रा की जिंदगी व कार्य से इनका मन ऊब जाता है व कहीं भी बँधकर रहना इन्हें अच्छा नहीं लगता, इसलिए अधिकतर एक कार्य को छोड़कर दूसरे

कार्य में लग जाते हैं अथवा कई कार्यों को एक साथ करने लगते हैं। यदि कोई अन्य ग्रह इनकी कुंडली में स्थिरता नहीं लाता है तो ये 'जैक ऑफ ऑल मास्टर ऑफ नन' हो जाते हैं। एक समय में एक से अधिक कार्य करने की वजह से किसी भी कार्य को अच्छी तरह नहीं कर पाते हैं। इसलिए इनको चाहिए कि दूसरों के साथ मिलकर कोई कार्य करें, अकेले नहीं।

यदि ये लोग सतही रूप से कार्य न करें तो इनमें किसी भी कार्य को करने की अभूतपूर्व क्षमता आ जाती है। किसी भी आपातकालीन स्थिति में इन पर अधिक विश्वास किया जा सकता है, क्योंकि ये समय के अनुसार कार्य करने में माहिर होते हैं।

इनकी विशेषताओं व विचित्रताओं को दूसरे लोग बड़ी मुश्किल से समझ पाते हैं। चूँकि विविधताएँ इन्हें पसंद होती हैं, इसलिए अधिकतर एक से दूसरे स्थान पर घूमते ही रहते हैं। इन लोगों की स्मरण शक्ति व किसी भी विषय के विश्लेषण की क्षमता भी काफी अच्छी होती है तथा ये हमेशा किसी नए विषय को जानने में तत्पर रहते हैं एवं उसकी गहराई तक पहुँचना चाहते हैं। एक विशेष बात इन जातकों में अच्छी होती है कि ये किसी ऐसी बात पर विश्वास नहीं करते, जिसे इन्होंने न तो देखा हो, न कभी महसूस या अनुभव किया हो। इनका किसी विषय विशेष पर वक्तव्य बहुत न्यायपूर्ण होता है। इसके अतिरिक्त जब तक किसी विशेष विषय का समाधान अथवा जब तक कोई बात समझ में आ नहीं जाती, तब तक उसे छोड़ते नहीं हैं।

धन अवस्था : प्राय: इन लोगों की धन अवस्था मिश्रित होती है कभी काफी अच्छी अवस्था में होते हैं, तो कभी बुरे दिन भी देखने पड़ते हैं। पारिवारिक झगड़ों के कारण भी इनकी संपत्ति इनके हाथों से चली जाती है। ऐसी अवस्था में साधारणतया अपने संबंधियों से मतभेद रखते हैं। गुप्त प्रेम के कारण इनकी धन अवस्था डाँवाँडोल हो जाती है और बहुत हानि भी उठानी पड़ती है।

घरेलू व वैवाहिक जीवन : यद्यपि ये लोग चाहते हैं कि इनका लगाव किसी से भी प्रगाढ़ हो, पर अपने परिवर्तनशील स्वभाव के कारण ये ऐसा नहीं कर पाते। इनका आदर्श जीवनसाथी वही हो सकता है, जो इनके साथ–साथ

इनके विचारों को भी स्थिरता प्रदान कर सके और इनकी अस्थिरता को समझ सके। सबसे मजे की बात यह है कि अपनी तरह के अस्थिर व्यवहार का अपने जीवनसाथी से अपेक्षा नहीं रखते हैं। विवाह इनके लिए बहुत कौतूहल का विषय बना रहता है। इनका वैवाहिक जीवन तभी सफल हो सकता है; जब इनका जीवनसाथी इनको समझ सके व बुद्धिमान हो।

इस सूर्य-चिह्न के पुरुष चाहते हैं कि इनकी पत्नी इनकी उन बातों पर हाँ करे जिन बातों पर जब कभी भी ये परिवर्तन चाह रहे होते हैं। ये लोग चालाक होते हैं। यदि कोई भी रोमांस इत्यादि इन्हें खर्चीला लगता है, तो उसे तुरंत छोड़ देते हैं। यदि इन्हें लगता है कि इनकी पत्नी इन पर अधिक ही हावी हो रही है, तो ये घर तक छोड़ देते हैं।

इस चिह्न की महिलाएँ बुद्धिमान होती हैं। ये घर में बँधा रहना नहीं करती हैं। यदि ये चाहती हैं कि इनका जीवन अच्छी तरह चले, तो इन्हें अधिक निपुण व व्यवहार कुशल होना पड़ेगा। जीवन के किसी मोड़ पर अच्छे जीवन के लिए पति व नौकरी का चयन करना पड़ता है। ये अपने घर को अच्छे ढंग से साफ-सुथरा रखना जानती हैं।

मेष, सिंह, तुला व कुंभ सूर्य-चिह्न के जातक इनके जीवनसाथी हो सकते हैं। यद्यपि ये अपनी संतानों को बहुत प्यार देते हैं, पर कभी भी उनके प्रति अत्यधिक पितृत्व व मातृत्व का भाव नहीं जता पाते हैं। कभी-कभी ये संतानों को बोझ तक समझ लेते हैं, इसलिए इनकी संतानों को चाहिए कि वे अपने माता-पिता को समझें और यदि उनका व्यवहार ठीक नहीं रहता है, तो उसे दुर्भावना से नहीं लेना चाहिए।

व्यवसाय : किसी एक कार्यक्षेत्र या नौकरी से अपने आपको बाँध लेना इनके वश की बात नहीं है। कार्यालय में भी पूरे समय तक ये नहीं बैठ सकते हैं। इनकी प्रकृति व प्रवृत्ति के अनुसार सेल्समैन, न्यूजपेपर रिपोर्टर, पत्रकारिता, एडवरटाइजिंग तथा डिटेक्टिव इत्यादि कार्यक्षेत्र उपयुक्त हैं, जहाँ पर ये अपने को गतिशील व अपने विचारों का आदान-प्रदान स्वतंत्रता से कर सकते हैं।

एडवोकेट, एकाउंटेंट, इंजीनियर और अध्यापक भी इस सूर्य-चिह्न में पाए जाते हैं। इस चिह्न के जातक अच्छे वक्ता व कूटनीतिज्ञ भी होते हैं। जिस

कार्य में लोगों को अपनी बातों से आकर्षित करना हो, वहाँ भी ये जातक सफल पाए गए हैं। चूँकि मिथुन सूर्य-चिह्नवाले जातकों का दिमाग बहुत तेज चलता है और यदि ये बुद्धिमान हों, तो, क्या कहने! एक से अधिक व्यवसाय करने पर भी ये लोग सफल होते हैं।

स्वास्थ्य : चूँकि इन जातकों का दिमाग बहुत जल्दी चलता है तथा हर समय कुछ-न-कुछ सोच बनी रहती है, अत: अधिक कार्य करने से इन्हें दिमागी परेशानियाँ या रोग होने की संभावनाएँ बहुत होती हैं। ये लोग अधिक व व्यर्थ सोचने के कारण अपने दिमाग को कष्ट देते हैं। यदि दिमाग को चिंतामुक्त रख सकें, तो इनका स्वास्थ्य अच्छा रहता है। ब्रोंकाइटिस, फेफड़े संबंधी रोग, अस्थमा, फिस्टुला, गुर्दे संबंधी बीमारियाँ इन लोगों में पाई जाती हैं।

आहार व व्यायाम : इनके शरीर का आवश्यक लवण पोटैशियम क्लोराइड है, जो इनके रक्त को साफ व फेफड़े संबंधी बीमारियों को दूर रखता है। इनका आहार संतुलित और सब्जियों तथा फलों से युक्त होना चाहिए। इन जातकों के लिए योग व ध्यान सबसे अच्छे व्यायाम हैं, जिससे ये अपने दिमाग की चंचलता व परेशानियों से आराम पा सकते हैं। इनको सायंकाल व रात में ऐसे कार्य नहीं करने चाहिए, जिससे दिमाग पर जोर पड़े। वास्तव में ये लोग अपने एकाकीपन से बचने के लिए अधिक से अधिक व्यस्त रहने का प्रयास करते हैं।

मित्रता : ये लोग किसी से भी जितनी जल्दी मित्रता करते हैं, उतनी ही जल्दी उनके दोष को भी निकाल लेते हैं। इसलिए इनको अपनी रुचि अनुसार मित्र ढूँढ़ने में दिक्कत होती है। वैसे भी विविधताओं में रुचि होने से इनके विचित्र प्रकार के मित्र होते हैं। चूँकि इन्हें समझना आसान नहीं होता है, इसलिए इनके सहयोगी इनसे परेशान रहते हैं और मित्रता तोड़ देते हैं।

ऋणात्मक गुण : अपनी भावनाओं की सही व्यवस्था इनके लिए अनिवार्य है। अपनी दिनचर्या के कार्य से समय निकालकर किसी से गहरी मित्रता करनी चाहिए, जिससे अपनी भावनाओं या एकाकी जीवन की सही

व्यवस्था कर सकते हैं। विचारों की अत्यधिक चंचलता को रोकना भी अनिवार्य है। बहुत से कार्य एक साथ नहीं करने चाहिए।

भाग्यशाली दिन : बुध, बृहस्पति, सोम, शुक्र व रविवार इनके लिए शुभ दिन हैं, जबकि मंगलवार व शनिवार वर्जित हैं।

भाग्यशाली रंग : इनको प्राय: हरे व पीले रंग का प्रयोग करना चाहिए, जबकि नीला व लाल रंग शुभ नहीं हैं।

भाग्यशाली अंक : 1, 4, 5 व 6 अंक इस सूर्य-चिह्न के लिए शुभ हैं।

भाग्यशाली रत्न : माणिक एवं पन्ना इस चिह्न के भाग्यशाली रत्न हैं।

मिथुन राशि (21 मई से 20 जून तक) के कुछ प्रमुख व्यक्तित्व

क्रांतिकारी/राजनेता : रस बिहारी बोस, राजा राममोहन राय, अहिल्या बाई, किरण बेदी, राहुल गांधी, जॉन एफ. कैनेडी, औंग साग सू की, चे ग्वेरा।

दार्शनिक एवं आध्यात्मिक : राल्फ वाल्डो इमर्सन, आचार्य महाप्रज्ञ।

खिलाड़ी : रवि शास्त्री, वसीम अकरम, राफेल नडाल, नावाक जोकोविच।

उद्यमी : अनिल अंबानी, राहुल बजाज, कुमार मंगलम बिरला, डोनाल्ड ट्रंप।

लेखक/कलाकार : नर्गिस, सुनील दत्त, पॉल मेकार्टनी, एंजेलिना जोली, मुर्लिन मुनरो।

वैज्ञानिक : टिम बर्नर्स ली, एरिक एरिकसन।

□

कर्क

(21 जून से 20 जुलाई)

सायन व्यवस्था के अनुसार 21 जून से 20 जुलाई के बीच जन्म लेनेवाले जातकों का सूर्य-चिह्न कर्क होता है। चंद्रमा इस चिह्न का स्वामी होता है।

चारित्रिक विशेषताएँ : इस चिह्न का स्वामी चंद्रमा होता है। जिस प्रकार चंद्रमा समुद्र के ज्वार-भाटे को नियंत्रित करता है, उसी तरह यह मानव के चित्त को भी नियंत्रित करता है। ऐसे लोगों के महीने के कुछ दिन तो निराशावादी हो जाते हैं और कुछ दिन अत्यंत मूड में दिखाई देते हैं। इस चिह्न के जातकों को अपने चित्त का अध्ययन करना चाहिए और उसी के अनुसार अपने कार्यों का प्रबंध करना चाहिए। ये लोग अत्यधिक चिंता करनेवाले होते हैं और तब अधिक चिंतित हो जाते हैं, जब चिंता का कोई विषय ही नहीं होता है। भावुकता प्रधान होने के कारण ये बहुत शीघ्र ही छोटी-से-छोटी बातों से दु:खी हो जाते हैं। विशेषकर अपने भूत की यादों में अधिकतर खोए रहते हैं। इससे इनकी आंतरिक ऊर्जा का ह्रास होता है और कार्य करने की क्षमता कम होती है। चूँकि ये दूसरों को अपने स्वभाव के कारण सुरक्षा प्रदान करते हैं, अत: इनकी अपनी भी यही इच्छा होती है कि कोई इन्हें भी सहारा दे, सुरक्षा दे। अपने प्रति दूसरों की भावना का अहसास भी ये सहज ही कर लेते हैं और स्वयं ही अपने को दया का पात्र बना लेते हैं। विशेषतया जहाँ ये अपने परिवारवाले व संबंधियों को सुरक्षा प्रदान करते हैं, वहीं अपने पर आए हुए छोटे से संकट से भी घबरा जाते हैं। जैसा कि पहले बताया जा चुका है कि ये लोग अपने भूत की यादों में इतने खोए रहते हैं कि गलतियाँ या असफलताएँ

ही इनकी उन्नति में बाधक बन जाती हैं। इनके मूड का स्वास्थ्य पर सीधा प्रभाव रहता है। जब तक ये अच्छे मूड में रहते हैं, तब तक इनका स्वास्थ्य ठीक रहता है, अन्यथा नहीं। इन लोगों के जीवन में काफी उतार-चढ़ाव आते हैं। इनकी कल्पनाशक्ति बहुत जबरदस्त होती है। थोड़ी ही देर में न जाने कहाँ-से-कहाँ पहुँच जाते हैं। ये अपने आपको दूसरों के व्यवहार के अनुसार तुरंत ही ढाल लेते हैं। कभी-कभी ये बहुत ही भावुक हो जाते हैं। अस्थिर स्वभाव के कारण इन्हें क्रोध आता-जाता है। अपने जीवन में आई हुई परेशानियों को ये झेल तो लेते हैं, पर आसानी से भूल नहीं पाते हैं।

अपने इतिहास व पारिवारिक घटनाओं के बारे में इनकी स्मरण शक्ति का जवाब नहीं होता है। आलोचनाओं के भय से ये लोग दबे-दबे से व रूढ़िवादी हो जाते हैं। प्रायः कर्क सूर्य-चिह्न के जातकों को 40 वर्ष के बाद सफलता मिलती है। जीवन के कई अच्छे अवसर ये ऐसे ही छोड़ देते हैं, इसका कारण यह होता है कि सही नीति से सही समय पर कार्य नहीं करते हैं और जब तक कार्य करने को तैयार होते हैं, तब तक अवसर हाथ से निकल जाता है। इन लोगों में स्वामिभक्ति और उत्तरदायित्व की भावना भी कूट-कूटकर भरी होती है। समाज में अपनी स्थिति को सुदृढ़ बनाने के लिए ये काफी प्रयास करते हैं।

धन अवस्था : इनको आर्थिक रूप से स्थिरता की बहुत आवश्यकता होती है। ये लोग धन का दुरुपयोग तो नहीं करते, पर गुणात्मक मूल्यों पर धन अवश्य व्यय करते हैं। अधिकतर ये चाहते हैं कि धन छोटे-छोटे स्रोतों से नहीं, अपितु किसी एक स्रोत से अधिक धन आए। इन लोगों को धन का महत्त्व पता होता है, क्योंकि इनकी धन अवस्था कोई खास अच्छी नहीं होती है। चाहे धन व्यवस्था कैसी भी हो, पर ये लोग अपने बच्चों के समक्ष बिताई गई गरीबी का बखान करने से नहीं चूकते हैं।

घरेलू व वैवाहिक जीवन : ये लोग अच्छी तरह से घर चलानेवाले होते हैं। इनको ऐसे जीवनसाथी की आवश्यकता होती है, जो परिवार में गर्मजोशी व प्रसन्नता बनाए रखे। ये अपने परिवार की खुशी के लिए अपने को दुःख देने में भी नहीं चूकते हैं। ये लोग अधिक-से-अधिक समय अपने परिवार के साथ बिताना

पसंद करते हैं। विवाह इनके जीवन को स्थिरता देने के लिए आवश्यक है।

इस चिह्न के पति बहुत स्नेही, वक्त के अनुसार अपने को ढालनेवाले होते हैं। ये लोग ऐसी स्त्री से विवाह करना पसंद करते हैं, जो पारिवारिक सुख व खुशहाली दे सके। वैसे तो ये अपनी पत्नी को बहुत चाहते हैं, पर बीच-बीच में उसकी आलोचना करके घर का वातावरण खराब कर देते हैं।

इस चिह्न की पत्नियाँ भी अपने पति के प्रति वफादार व स्नेहयुक्त होती हैं। कभी-कभी वे मूडी भी हो जाती हैं। अपने पति द्वारा दी गई छोटी-से-छोटी वस्तु से भी प्रसन्न रहती हैं। संतान के लिए अच्छी माँ साबित होती हैं। अपने पति की इच्छा को पूर्ण करने में कोई कसर नहीं छोड़ती हैं। इसके साथ-ही-साथ ये स्वतंत्र स्वभाव व मेहनत करनेवाली होती हैं।

व्यवसाय : कोई भी व्यवसाय, जिसमें दूसरे लोगों की सेवा करने का प्रावधान हो, इनके लिए उचित रहता है, क्योंकि इन जातकों में सेवा-भाव कूट-कूटकर भरा रहता है। इसके अतिरिक्त कलात्मक पहलुओं से संबंधित व्यवसाय भी इन्हें भाते हैं। अधिकतर ये लोग अच्छे कुक, नर्स, पुरानी वस्तुओं (एंटिक) के डीलर, इतिहासकार, अन्वेषक के रूप में देखे गए हैं। रेस्टोरेंट तथा होटल मालिक इत्यादि भी इसी चिह्न में पाए जाते हैं। कर्क चिह्न का पानी से संबंध है, अत: पानी के जहाज में नौकरी, नौसेना, खोजकर्ता इत्यादि इस चिह्न के अंतर्गत आते हैं। बृहस्पति ग्रह इस चिह्न में उच्च हो जाता है, अत: कई सफल उपदेशक, अध्यापक, वक्ता, मंत्री व सलाहकार भी इसी चिह्न के होते हैं।

स्वास्थ्य : अच्छे भोजन के शौकीन होने के कारण अधिक खाने से इनकी पाचन क्रिया पर प्रभाव पड़ता है। चूँकि चिंताएँ इनका स्वभाव होता है, अत: अधिक भोजन व चिंताओं, दोनों का स्वास्थ्य पर प्रतिकूल प्रभाव पड़ता है। इनको चाहिए कि जब कभी इनका मूड खराब हो, तो भोजन सँभलकर करें। इन जातकों को अकसर अल्सर, गैसविकार, कब्ज, पित्त या पेट से संबंधी बीमारियाँ रहती हैं। इन जातकों के लिए सादा जीवन एक अच्छा संदेश साबित हो सकता है। प्यास बुझाने के लिए मदिरा के स्थान पर पानी का प्रयोग उचित व लाभप्रद है, क्योंकि ये जातक मदिरापान के शौकीन भी पाए गए हैं।

आहार व व्यायाम : इन जातकों को अपने भोजन में फल व रेशेदार वस्तुओं का प्रयोग करना चाहिए। इनको विभिन्न प्रकार के भोजन पसंद होते हैं, जिन्हें ये स्वयं बनाने में भी विश्वास रखते हैं। इनके शरीर के अवयवों में अधिकतर कैल्शियम फ्लोराइड नामक लवण मिलता है, जो शरीर के उत्तकों को लचीला बनाने में सहायक होता है।

इनको नियमित रूप से ऐसे व्यायाम की आवश्यकता होती है, जिससे इनका मोटापा कम हो सके। इन जातकों को अधिकतर टीम गेम्स पसंद आते हैं, पर खतरनाक खेलों से ये दूर ही रहते हैं। जो मोटे हैं, उन्हें शरीर की चर्बी कम करने के लिए मालिश इत्यादि करवानी चाहिए। वैसे तो ये लोग तैरने के भी शौकीन होते हैं, क्योंकि कर्क चिह्न पानी का भी द्योतक है, पर तैराकी में सावधानी आवश्यक है।

मित्रता : ऐसे जातकों की मित्रता अपने विपरीत लिंग के जातकों से अधिक होती है, फिर भी अधिकतर लोग इनके मित्र होते हैं। किसी से भी मनमुटाव पर ये लोग विश्वास नहीं करते हैं। इसी तरह इनके मित्र भी इनकी बहुत सहायता करते हैं।

ऋणात्मक गुण : अधिक चिंता व आत्मसुरक्षा की प्रवृत्ति इनको अपने आप तक सीमित रखती है, जो इनके स्वास्थ्य के लिए हानिकारक है। इसलिए इनको चाहिए कि ये छोटी-छोटी बातों से अधिक चिंता न करें तथा धैर्य रखें। अधिक भावुक व स्वार्थी न हों। स्वभाव, व्यवहार में तेजी से बदलाव इनकी सबसे बड़ी कमजोरी है।

भाग्यशाली दिन : शनिवार को छोड़कर शेष सभी दिन इनके लिए शुभ हैं। सोमवार व शुक्रवार अत्यधिक शुभ हैं।

भाग्यशाली रंग : सफेद, क्रीम, लाल व पीला रंग इनके लिए शुभ हैं, जबकि भूरा, काला व तेज नीला रंग वर्जित हैं।

भाग्यशाली अंक : वैसे इस चिह्न के लिए अंक 1 शुभ है, पर 1, 2, 4, 5, 7 विशेष हैं।

भाग्यशाली रत्न : मोती इस चिह्न का भाग्यशाली रत्न है।

कर्क राशि (21 जून से 20 जुलाई तक) के कुछ प्रमुख व्यक्तित्व

क्रांतिकारी/राजनेता : बंकिमचंद्र चटर्जी, डॉ. श्यामाप्रसाद मुखर्जी, ममता बनर्जी, बेनजीर भुट्‍टो, नेल्सन मंडेला, प्रिंसेस डायना।

दार्शनिक एवं आध्यात्मिक : दलाई लामा, जीन जैक्स रूसो।

खिलाड़ी : सुनील गावस्कर, सौरव गांगुली, महेंद्र सिंह धोनी, लियोनेल मैसी, व्लादिमीर क्रैमनिक, माइकल केल्प्स।

उद्यमी : जॉन डी. रॉकफेलर, रिचर्ड ब्रैनसन, जूलियन असांजे।

लेखक/कलाकार : हरिप्रसाद चौरसिया, बिमल राय, झुम्पा लाहिड़ी, कैटरीना कैफ, प्रियंका चोपड़ा।

वैज्ञानिक : निकोला टेस्ला, जोहान्स गुटेनबर्ग।

□

सिंह

(21 जुलाई से 21 अगस्त)

सायन व्यवस्था के अनुसार 21 जुलाई से 21 अगस्त के बीच जन्म लेनेवाले जातक का सूर्य-चिह्न सिंह होता है। सूर्य इस चिह्न का स्वामी होता है।

चारित्रिक विशेषताएँ : प्राय: ऐसे लोगों का शरीर पूरी तरह से विकसित होता है, माथा व कंधा विशेषकर चौड़ा होता है। बहुत कम ही लोग मोटे व भद्दे शरीर के होते हैं। इनका भव्य व्यक्तित्व इनको जबरदस्त नियंत्रण करने की क्षमता देता है, जिससे ये लोग अपनी पहचान बनाते हैं।

सूर्य की तरह ही इनका स्वभाव भी अत्यधिक आशावादी, उदारवादी तथा उत्कृष्ट कोटि का होता है। जहाँ भी ये लोग रहते हैं, वहाँ इनके काफी मित्र होते हैं तथा उनके बीच में नेता बने रहते हैं। जिस तरह सूर्य ग्रीष्म ॠतु में उग्र हो जाता है तो तहस–नहस कर देता है, उसी तरह ये लोग भी कभी-कभी उग्र हो जाते हैं तो आगे-पीछे कुछ भी नहीं देखते हैं। ये लोग दूसरों के जीवन में उजाला लाने का प्रयास उसी तरह करते हैं, जिस तरह सूर्य करता है। चूँकि सिंह राशि, अग्नि चिह्न के अंतर्गत आता है, अत: इन लोगों में साहस व आशावाद इतना भरा रहता है कि ये अपने आप अपनी क्षमता को जरूरत से अधिक समझने लगते हैं, जिससे इन लोगों को असफलता भी देखनी पड़ती है। इस बात को इस तरह भी समझा जा सकता है कि कोई सिंह चिह्न का विद्यार्थी परीक्षा के समय ऐसा समझता है कि उसे अमुक प्रश्न अच्छी तरह से याद है और उस प्रश्न को वह अच्छी तरह से नहीं करता है तथा परीक्षा में जब वही प्रश्न आता है तो उसको हल नहीं कर

पाता है, यह अपने आप पर अधिक विश्वास को दरशाता है।

ये लोग कठिनाइयों व रुकावटों का बहुत अच्छी तरह सामना करते हैं। लगातार कार्य में जुटे रहने से ये कोई भी कार्य करने में सफल होते हैं। स्वभाव से नियंत्रण क्षमता न होने के कारण ये लोग खुद को नेता के रूप में पसंद करते हैं और चाहते हैं कि अन्य सभी इनके मातहत कार्य करें।

प्राय: ये लोग कम ही बात करते हैं। इनकी मुख्य विशेषता खामोशी बनाए रखना है। ये अपने नीचे कार्य करनेवालों की शिकायतें सावधानीपूर्वक धैर्य से सुनते हैं। चूँकि इन लोगों में किसी भेदभाव की भावना नहीं होती है, इसलिए ये लोग किसी भी वर्ग से मिलने में नहीं हिचकते हैं।

सिंह के अग्नि तथा स्थिर चिह्न को दरशाने से इस चिह्नवाले जातक नियंत्रण प्रवृतिवाले, महत्त्वाकांक्षी, चतुर, नेतृत्वशील, ऊर्जा से भरपूर, विश्वसनीय, बुद्धिमान व घमंडी होते हैं। मेष से सिंह पाँचवाँ चिह्न होता है, अत: ये लोग खेलकूद तथा शेयर बाजार में काफी रुचि रखते हैं। ये लोग दूसरों की स्वत: ही सहायता करते हैं, परंतु उन लोगों को पसंद नहीं करते हैं, जो इनसे कुछ माँगते हैं।

घरेलू व वैवाहिक जीवन : अत्यधिक कार्य करने के कारण इन लोगों को आराम की आवश्यकता होती है, अत: घर में सुख-शांति, प्रसन्नता इनको हमेशा खुश रखती है। सिंह चिह्न की विशेषताओं के कारण ये लोग घर में भी दबदबा बनाए रखते हैं और अन्य लोग इनके आज्ञाकारी होते हैं अथवा ये चाहते हैं कि सभी इनकी बात का अनुसरण करें। अपने घर की मर्यादा को बनाए रखने के लिए ये लोग किसी भी हद तक जा सकते हैं। घर की सजावट का विशेष ध्यान रखते हैं। अपने जीवनसाथी का ये लोग विशेष ध्यान रखते हैं, पर यदि इनके मन की बात नहीं होती है, तो आपस में ठन जाती है। यद्यपि ये लोग आदर्श प्रेमी कहे जा सकते हैं, पर समाज के बीच में उसके प्रदर्शन को निम्न स्तर का मानते हैं। चूँकि इनका व्यक्तित्व काफी प्रभावी होता है, अत: कभी-कभी इनके जीवनसाथी को इनसे ईर्ष्या होने लगती है कि ये लोग अपने विपरीत लिंग के लोगों में भी काफी प्रिय बने रहते हैं, अत: इनके जीवनसाथी को इन्हें अच्छी तरह समझना चाहिए।

इनको अपने घर-परिवार से प्रेम होता है, अतः कोई भी उनके विरोध में कुछ कहता है, तो इनको क्रोध आ जाता है। प्रायः मेष, धनु, कुंभ तथा मिथुन चिह्नवाले जातक इनके अच्छे जीवनसाथी बन सकते हैं।

ये लोग अपने बच्चों को बहुत प्यार करते हैं तथा इनको उनके कारण गर्व होता है। बचपन से ही ये अपनी स्वतंत्रता का प्रयास करते हैं तथा किसी भी प्रकार के बंधन से मुक्त रहना चाहते हैं।

मित्रता : इन लोगों को अपने मित्रों पर काफी विश्वास रहता है तथा उनको विश्वास में लेने का प्रयास करते हैं। प्रायः कन्या चिह्नवाले जातक इनके चहेते लोगों में होते हैं और उनको स्वतंत्र रखने का प्रयास करते हैं, या यही मित्र इनकी चापलूसी करके इनके 'इगो' को बहुत बढ़ावा देते हैं।

व्यवसाय : प्रायः सिंह चिह्नवाले व्यक्ति नेता, प्रबंध निदेशक अथवा किसी भी कंपनी के प्रमुख होते हैं। अपनी संस्था में कार्य करनेवालों के लिए कोई भी कदम उठाने में हिचकिचाते नहीं हैं। स्थिर चिह्न होने के कारण इन लोगों की आमदनी भी स्थिर होती है। प्रायः ये लोग सरकारी सेवा में पाए जाते हैं। पाँचवाँ चिह्न होने के कारण इन लोगों को शेयर बाजार, फिल्म संगीत, थिएटर इत्यादि में भी कार्य करते देखा गया है।

स्वास्थ्य व बीमारियाँ : प्रायः इन लोगों का स्वास्थ्य ठीक ही रहता है। यदि ये लोग कभी बीमार हो भी जाते हैं तो बहुत जल्दी ही उन्हें आराम मिल जाता है। काल चक्र पुरुष का हृदय, रीढ़ की हड्डी, नसें इत्यादि सिंह चिह्न के अंतर्गत आती हैं, इसलिए पित्त की बीमारी, हाँफना, रीढ़ की हड्डी संबंधी बीमारी, चक्कर आना इत्यादि बीमारियों के शिकार इस चिह्नवाले होते हैं।

इसलिए इन लोगों को मदिरा इत्यादि का सेवन नहीं करना चाहिए और संतुलित व सात्त्विक भोजन करना चाहिए। इनमें प्रतिस्पर्धावाले खेलों की क्षमता निखरकर आती है। अपने आपको दूसरों के साथ मिल-जुलकर रखने की आदत भी सामूहिक खेलों द्वारा लाई जा सकती है।

सिंह चिह्नवाले जातकों का लवण मैगनीशियम फॉस्फेट होता है। इसकी

कमी के कारण हड्डियों में दर्द, भावनात्मक उद्वेगना जैसी बीमारी व परेशानियाँ हो जाती हैं, यह लवण शरीर की मांसपेशियों, रक्त, दिमाग व नसों को ठीक करता है।

अत: इन जातकों को गेहूँ इत्यादि का सेवन अधिक करना चाहिए। सेब, पत्तागोभी, खीरा, अंडे, बादाम इत्यादि का सेवन भी हितकर है।

ऋणात्मक गुण : ये लोग किसी भी प्रश्न के दोनों पहलुओं को नहीं देखते हैं, इसलिए इनके लिए यह आवश्यक है कि ये लोग दूसरे लोगों की बात सुनें तथा उनकी सलाह भी लें। जिस तरह सूर्य हमेशा आगे ही बढ़ता जाता है, उसी तरह इस चिह्न के लोग अपने भूत का न तो विश्लेषण ही करते हैं और न ही भविष्य में उसके प्रभाव को ही जानना चाहते हैं। एक और सबसे बड़ी कमी इनमें यह होती है कि ये जिन लोगों की सहायता करते हैं, उनसे चाहते हैं कि वे उनके अहसानमंद हों, पर जब ऐसा नहीं होता है तो ये लोग खिन्न व क्रोधित हो जाते हैं। इसके अतिरिक्त अपनी जेब से अधिक व्यय करने की आदत पर रोक रखें। जल्दबाजी में कोई भी कार्य न करें तथा दूसरों की चापलूसी में न आएँ, इसके अतिरिक्त दूसरों को दबाने का प्रयास न करें।

भाग्यशाली दिन : रविवार, मंगलवार, बुधवार व बृहस्पतिवार शुभ दिन हैं।

भाग्यशाली रंग : लाल, नारंगी, हरा व सफेद इस चिह्न के शुभ रंग हैं।

भाग्यशाली रत्न : माणिक व पुखराज इस सूर्य-चिह्न के शुभ रत्न हैं।

सिंह राशि (21 जुलाई से 21 अगस्त तक) के कुछ प्रमुख व्यक्तित्व

क्रांतिकारी/राजनेता : राजीव गांधी, वी.वी. गिरी, पुरुषोत्तम दास टंडन, शंकर दयाल शर्मा, अरविंद केजरीवाल, फिदेल कास्त्रो, बराक ओबामा, बिल क्लिंटन, मुसोलिनी।

दार्शनिक एवं आध्यात्मिक : कार्ल पोप्पर।

खिलाड़ी : अरुण लाल, गारफील्ड सोबर्स, उसैन बोल्ट, रोजर फेडरर।

उद्यमी : जे.आर.डी. टाटा, अजीम प्रेमजी, एन.आर. नारायण मूर्ति, हेनरी फोर्ड, लैरी एलिसन।

लेखक/कलाकार : प्रेमचंद, वी.एस. नायपॉल, किशोर कुमार, काजोल, सुधा मूर्ति, जे.के. रोलिंग, मैडोना, अर्नोल्ड श्वार्जनेगर।

वैज्ञानिक : इर्विन श्रोडिन्गर, कार्ल जंग, जीन पिगेट।

□

कन्या

(22 अगस्त से 22 सितंबर)

सायन व्यवस्था के अनुसार 22 अगस्त से 22 सितंबर तक जन्म लेनेवाले जातक का सूर्य-चिह्न कन्या होता है। बुध ग्रह इसका स्वामी होता है।

चारित्रिक विशेषताएँ : शारीरिक रूप से ये लोग इकहरे शरीरवाले लंबे होते हैं। इनकी आँख व बाल काले होते हैं, भौहें भी ऊपर की ओर उठी हुई होती हैं। इनकी आवाज पतली होती है तथा चलने की गति अन्य जातकों की अपेक्षा तेज होती है। ये लोग अपनी उम्र की अपेक्षा छोटे लगते हैं।

इस चिह्न का स्वामी बुध होने के कारण ही इन लोगों का स्वभाव भी बुध की ही तरह चंचल तथा अस्थिर होता है। इसकी वजह से ये लोग एक ही समय में विभिन्न कार्यों को करने में सक्षम होते हैं। अपने अनुकूल परिस्थितियाँ नहीं होने पर भी किसी कार्य के लिए अच्छी तरह से योजना बनाकर कार्य करते हैं। इन लोगों में व्यापारिक गुण भी बहुतायत में पाया जाता है। ये लोग अपने कार्यों में काफी तेज होते हैं। यदि इनके सम्मुख कोई भी अपनी बात रखे, तो संक्षेप में तथा जल्दी से कहकर उसका विवरण करते हैं।

ये लोग व्यवहारिक तथा विवेचक प्रवृत्ति के होते हैं एवं बहुत सावधानी बरतनेवाले होते हैं। इस बात को इस तरह समझा जा सकता है कि यदि इन्हें पत्र भेजना हो तो उसे तीन-चार बार पढ़कर ही भेजते हैं। ये लोग हर वस्तु को अनुशासन में रखने में विश्वास रखते हैं। हर दिन का लेखा-जोखा अपनी डायरी में रखते हैं, पर इन्हें परेशानी तब होती है, जब इनके अधीनस्थ उनकी

तरह व्यवहार नहीं करते हैं। ये चाहते हैं कि कोई भी कार्य शीघ्र हो जाए तथा सभी इन्हीं की तरह कार्य करें।

धन अवस्था : व्यापारिक दृष्टिकोण होने के कारण इन लोगों का धन बचाने का स्वभाव होता है। अपनी स्वाभाविक दूरदर्शिता के कारण ये लोग कुछ धन ऐसा रखते हैं, जिसका किसी को अनुमान ही नहीं होता है। ऐसे लोग जब कभी भी यात्रा करते हैं तो कुछ रुपए एक जेब में रखते हैं और कुछ दूसरे में, ताकि अगर इनकी जेब कट भी जाए, तो दूसरी जेब का धन काम आ सके। इस बात से इनके मितव्ययी होने का परिचय मिलता है। अचानक धन प्राप्ति के स्रोतों की भी इन्हें तलाश रहती है, इसलिए शेयर बाजार में भी ये लोग धन लगा सकते हैं।

व्यवसाय : इन लोगों को ऐसे व्यवसाय का चयन करना चाहिए, जिनमें स्फूर्ति एवं साहस की आवश्यकता हो। ये लोग साधारणतया ऑडिटर, निरीक्षक तथा अन्य नियंत्रण से संबंधित विभागों में होते हैं। ऐसे विभागों में दूसरों की कमियों को निकालने के अपने स्वाभाविक गुण का भली-भाँति प्रयोग करते हैं। यदि दूसरे, छठे व दसवें भाव का स्वामी कन्या राशि में हो और उस पद पर यदि सूर्य की दृष्टि हो तो जातक चिकित्सा, स्वास्थ्य से संबंधित विभाग में होता है। चंद्रमा की दृष्टि से नौसेना, इंजीनियरिंग तथा लेखा विभागों में इन्हें सफलता मिलती है। मंगल की दृष्टि होने से प्रकाशन व रक्षा विभाग से इनका संबंध रहता है। बुध की दृष्टि होने से जातक को दलाली, अध्यापन व वकालत में महारत प्राप्त होती है। बृहस्पति के कारण साहित्य, विज्ञान, कानून व धर्म के क्षेत्र में जातक देखे जा सकते हैं, जबकि शनि इन्हें सफल गणितज्ञ, इंजीनियर व राजनीतिज्ञ इत्यादि बनाने में सहायक होता है।

घरेलू व वैवाहिक जीवन : परिवर्तन ही जीवन है, यह इनके जीवन का नारा होता है। ये लोग चाहते हैं कि इनके घर की अंदरूनी व्यवस्था बदलती रहे तथा घर की हरेक वस्तु कायदे से रहे और घर के लोग नियमपूर्वक एवं अनुशासित रहें, विशेषकर उस अवस्था में जबकि अतिथि आमंत्रित हों। जहाँ तक वैवाहिक जीवन का प्रश्न है, इन लोगों के अपने आदर्श होते हैं। इसलिए

प्राय: जीवनसाथी के चयन में काफी समय लगा देते हैं। इस विषय में किसी भी प्रकार के निर्णय में ये लोग बुद्धिमत्ता को अधिक महत्त्व देते हैं। शर्मीला स्वभाव के होने के कारण ये लोग अपने प्रेम का प्रदर्शन नहीं कर पाते हैं, इसलिए इनको चाहिए कि अच्छे वैवाहिक जीवन के लिए जीवनसाथी के प्रति स्नेह प्रदर्शित करते रहें। चूँकि ये दूसरों के अवगुणों को निकालने में निपुण होते हैं, इससे इनका घर भी अछूता नहीं रहता। फलस्वरूप, गृहस्थ जीवन कष्टमय होता है। जिस तरह ये लोग दूसरे लोगों से अपेक्षा रखते हैं कि लोग उनके व्यवहार व बुद्धिमत्ता की प्रशंसा करें, उसी तरह इनको भी चाहिए कि अपने जीवनसाथी के भी गुणों की प्रशंसा करें, न कि अवगुणों को देखें।

कन्या, सूर्य-चिह्नवाली महिलाओं के लिए विवाह एक कानूनी गठबंधन होता है तथा ये लोग अपने घर को एक व्यवसाय की तरह चलाती हैं। घर में न तो कोई वस्तु बरबाद करती है, न ही बरबाद होने देती है। अपने कर्तव्यों का कुशलतापूर्वक पालन करती हैं, पर भावनात्मक रूप से अपने पति पर अधिक ध्यान नहीं दे पाती हैं।

इन लोगों की सीमित संतान होती है तथा उनके लालन-पालन के लिए अधिक व्यय करना पड़ता है। उसके लिए ये लोग किसी से उधार लेने में भी नहीं चूकते हैं। यद्यपि ये लोग भावनात्मक प्रदर्शन नहीं कर पाते, फिर भी संतान के प्रति अपने कर्तव्य का पालन करते हैं।

स्वास्थ्य : प्राय: ये लोग स्वास्थ्य के मामले में सम होते हैं तथा जीवन भर स्वस्थ रहने के कारण इनका बुढ़ापा भी अच्छा होता है। युवावस्था में ये लोग बहुत चुस्त होते हैं, इसीलिए प्राय: ये अपनी उम्र से छोटे लगते हैं। कन्या चिह्न में दुष्ट ग्रह होने के कारण इनको पेट के रोग, टायफाइड, साँस से संबंधित बीमारियों का खतरा होता है। इसके लिए इनको अधिक आराम करना चाहिए तथा अपने दिमाग व पेट का ध्यान रखना चाहिए।

आहार व व्यायाम : इन लोगों को अपने आहार के प्रति सचेत रहना आवश्यक है। विटामिन-बी को समुचित रूप से आहार में प्रयोग करना चाहिए। इसके लिए शाकाहारी भोजन अधिक उपयोगी है।

इनके शरीर का लवण पोटैशियम सल्फेट होता है। यह लवण ऑक्सीजन

को रक्त में मांसपेशियों के अवयवों तक पहुँचाने में सहायता करता है, इससे इनके बाल, नाखून तथा त्वचा हमेशा ठीक रहती हैं।

जहाँ तक व्यायाम का प्रश्न है, चूँकि ये लोग दिमागी परेशानी तथा पेट के रोगों से ग्रसित रहते हैं, अतः इन्हें दिमागी रूप से आराम की आवश्यकता होती है। इन्हें अधिक-से-अधिक आराम करना चाहिए। खुली हवा में साँस लेना तथा ध्यान करना बहुत लाभदायक सिद्ध होता है। मदिरा इत्यादि नशीले पदार्थों का सेवन हानिकारक है।

मित्रता : इन जातकों की मित्रता अस्थिर किस्म की होती है। स्थायी रूप से मित्र बनाना इनके बस की बात नहीं है। कभी जब इनका स्वार्थी चरित्र सामने आता है, तो ये सभी को भूल जाते हैं। इनके मित्रों में अधिकतर कर्क व तुला सूर्य चिह्नवाले लोग होते हैं, जिनसे इनको लाभ मिलता है।

ऋणात्मक गुण : अपने आपको दया का पात्र बनाना इनकी सबसे बड़ी बुराई है। इनका किसी भी बात का बहुत विश्लेषण करना तथा वार्त्तालाप में विषय विशेष का आवश्यकता से अधिक विवरण श्रोताओं को नहीं भाता है। जब तक एक-दूसरे की आलोचना को उस तक पहुँचा नहीं देते हैं, तब तक इन्हें चैन नहीं मिलता है तथा आलोचनात्मक रुख होने के कारण परिवारजनों से भी संबंधों में कटुता को जन्म देते हैं।

बुद्धिमत्ता होने के साथ-साथ स्थिरता होना भी आवश्यक है। किसी भी कार्य को पूरा करके ही दूसरा कार्य हाथ में लेना चाहिए। किसी भी विषय विशेष में बहुत लोगों का परामर्श लेने से निर्णय लेने में बाधा आती है, अतः इन्हें कुछ व्यक्ति विशेष चुन लेने चाहिए, जिससे वे परामर्श ले सकें। इसके अतिरिक्त इन्हें दूसरों को क्षमा करने की आदत का भी विकास करना चाहिए।

भाग्यशाली दिन : प्रायः सोम, बुध, बृहस्पति तथा शुक्रवार किसी भी कार्य के लिए शुभ हैं।

भाग्यशाली रंग : इनको चाहिए कि ये अधिकतर हरे, सफेद व पीले रंग का प्रयोग करें। जैसे कि कपड़े का रंग, वाहन का रंग, दीवारों का रंग इत्यादि।

भाग्यशाली अंक : यदि कोई भी शुभ कार्य करना हो, उसमें 2, 3, 5, 7 अंक शुभ हैं।

भाग्यशाली रत्न : पन्ना व मोती इस चिह्न के जातकों के लिए शुभ रत्न हैं।

कन्या राशि (22 अगस्त से 22 सितंबर तक) के कुछ प्रमुख व्यक्तित्व

क्रांतिकारी/राजनेता : विनोबा भावे, सर्वपल्ली राधाकृष्णन, नरेंद्र मोदी।

दार्शनिक एवं आध्यात्मिक : मदर टेरेसा, जॉन लोके।

खिलाड़ी : ध्यान चंद, डोनाल्ड ब्रेडमैन, शेन वॉर्न।

उद्यमी : वॉरेन बफे, लक्ष्मी मित्तल।

लेखक/कलाकार : भारतेंदु हरिश्चंद्र, एम.एफ. हुसैन, आशा भोंसले, शबाना आजमी, करीना कपूर, माइकल जैक्सन।

वैज्ञानिक : माइकल फैराडे, अर्नेस्ट रदरफोर्ड।

□

तुला

(23 सितंबर से 22 अक्तूबर)

सायन व्यवस्था के अनुसार जो जातक 23 सितंबर से 22 अक्तूबर तक जन्म लेते हैं, उनका सूर्य-चिह्न तुला होता है। शुक्र इस चिह्न का स्वामी होता है।

चारित्रिक विशेषताएँ : इन लोगों का शरीर लंबा व आनुपातिक होता है। इनकी टाँगें पतली व दमदार होती हैं। इनके व्यक्तित्व की पहचान इनकी मंद-मंद मुसकराहट है, जो हर समय इनके होंठों पर बनी रहती है। इनकी नाक आगे से मुड़ी हुई तथा भौंहें सुंदर होती हैं।

तुला अर्थात् तौलने का यंत्र : ये लोग अपने चिह्न के अनुसार संतुलित दिमागवाले होते हैं तथा अधिकतर मानसिक संतुलन को बनाने में कामयाब होते हैं। किसी भी विषय विशेष के सभी पहलुओं पर अच्छी तरह सोच-समझकर निर्णय देते हैं। ये लोग सदैव खुशहाल जीवन को प्राथमिकता देते हैं। शांति बनाए रखने के लिए कुछ भी करने को तैयार रहते हैं। जब कभी ये लोग अपना मानसिक संतुलन खो बैठते हैं, तो तुरंत ही अपनी प्रारंभिक अवस्था में आ जाते हैं।

ये लोग अच्छे कपड़े, सुगंध व रंग के प्रेमी होते हैं। प्राय: इनकी रुचियाँ बदलती रहती हैं, कभी फोटोग्राफी, तो कभी संगीत, तो कभी बागवानी और कभी चित्रकारी। इस चिह्न के जातक दूसरों के हितों के लिए अपने सुख का बलिदान करने से भी नहीं चूकते। इस चिह्न में पैदा हुए राजनीतिज्ञ जीवन भर चर्चित रहते हैं।

वायु चिह्न होने के कारण इनकी शक्ति तीव्र होती है। ऐसे लोग दूरदर्शी होने के कारण अच्छे सलाहकार भी सिद्ध होते हैं। ये लोग साधारणतया वाद-विवाद से अपने आपको दूर रखते हैं तथा अधिकतर किसी जटिल मामले को सुलझाने का प्रयास करते हैं। इसका एक कारण यह भी हो सकता है कि ये लोग लोकप्रिय होना चाहते हैं। ये लोग इतने सहृदय होते हैं कि यदि इनसे कोई गलती हो भी जाती है, तो लोग इन्हें सहज ही क्षमा कर देते हैं। ये लोग जान-बूझकर किसी का भी दिल नहीं दुखाते हैं। इन लोगों को अपने विपरीत लिंग के साथ अत्यंत आनंद प्राप्त होता है।

इन लोगों को आलसी कहा जाता है तथा ये चाहते हैं कि इनका कार्य कोई दूसरा कर दे। न्याय करने की इच्छा इन लोगों के सामान्य जीवन को परेशान करती है। अधिकतर जब कभी भी कुछ गलत हो जाता है, तो इसे ठीक करने का प्रयास करते हैं। शुक्र स्वामी होने के कारण इस चिह्न के जातकों को अपनी वेशभूषा, फर्नीचर, वाहन आदि का बहुत शौक होता है। इनकी प्राथमिकता यही रहती है कि ये लोग अपने जीवनसाथी को प्रसन्नचित्त रखें। इसके अतिरिक्त संगीत, चित्रकारी में भी इनकी अच्छी-खासी रुचि होती है।

धन अवस्था : इन जातकों को किसी के भी साथ व्यापार इत्यादि लाभप्रद होता है। इन लोगों को अधिकतर सलाह देनेवाला कार्य करना चाहिए तथा इनके परिवार को चाहिए कि कोई भी कार्य इनकी सलाह के बिना नहीं करें, क्योंकि ये लोग सही समय पर सही सलाह देते हैं। ये लोग दूसरों की अपेक्षा अधिक नीतिज्ञ, दूरदृष्टि व तर्कवाले होते हैं। इन लोगों की धन स्थिति प्राय: स्थिर होती है। ये लोग अचानक काफी धन व्यय कर देते हैं। इन लोगों को पैतृक धन मिलने की संभावनाएँ अधिक रहती हैं।

घरेलू व वैवाहिक जीवन : चूँकि ये लोग शांति समर्थक होते हैं, अत: अपने घर में हरदम शांति बनाए रखने का प्रयास करते हैं। घर में सभी तरह की सुख-सुविधाएँ उपलब्ध रहती हैं। घर में सजाई गई वस्तुओं का अपना वर्ग-विशेष होता है, जिससे उनके शौक का पता चलता है। ये लोग अपने परिवार तथा अपनी संपत्ति से बहुत प्रेम करते हैं। प्राय: इस चिह्न के व्यक्ति

अपने दफ्तर की छुट्टी के पश्चात् तुरंत घर आने का प्रयास करते हैं, ताकि अधिक-से-अधिक समय अपने परिवार वालों के साथ गुजार सकें। प्राय: ये लोग अपने प्रेम भाव दर्शन में माहिर होते हैं। अपने सच्चे प्रेम के द्वारा ही ये लोग अपने जीवनसाथी को बाँधे रखते हैं। इन लोगों का विवाह जल्दी ही हो जाता है, चूँकि इनके अपने जीवन के आदर्श काफी ऊँचे रहते हैं, अत: कभी-कभी अपना मनचाहा जीवनसाथी ढूँढ़ने में इन्हें परेशानी होती है।

इस तरह के पुरुष अधिकतर खुशमिजाज तथा समन्वयशील होते हैं। अपने आपको किसी भी स्थिति के अनुकूल रूप से ढाल लेते हैं। अपने परिवारवालों को सभी सुख-सुविधाएँ देते हैं। ये लोग अपने प्रेम को किसी भी सीमा तक ज़ाकर दरशाते हैं, पर जब इन्हें व्यवहार के अनुसार बरताव नहीं मिलता है, तब इन्हें बहुत दु:ख होता है।

इस चिह्न की महिलाएँ बुद्धिमान तथा विवेकशील होती हैं। व्यर्थ के वाद-विवाद में अपना समय बरबाद नहीं करती हैं। प्राय: ये भी अपना जीवन ऐशो-आराम के साथ व्यतीत करती हैं।

प्राय: इनकी संतानें अपने माता-पिता की आज्ञा का पालन करती हैं। वैसे भी इनके व्यक्तित्व से प्रभावित होकर भी उनकी संतानें आज्ञापालन करती हैं। शनि से प्रभावित होने के कारण ये संतानें कूटनीतिज्ञ किस्म की होती हैं। ये बच्चे लड़ाई-झगड़ा कम करते हैं तथा दूसरों की बात को ध्यान से सुनते हैं और यदि उचित लगे तो अपने जीवन में अपनाने का प्रयास करते हैं।

व्यवसाय : ऐसे जातकों को कूटनीति के क्षेत्र में सफल देखा गया है। इसके अतिरिक्त किसी भी कार्य में मध्यस्थता का कार्य भी अच्छा कर सकते हैं। किसी कला से संबंधित क्षेत्र में भी इनका अपना स्थान बना रहता है। जिस स्थान का वातावरण इनके अनुकूल न हो, वहाँ कार्य करने में इन्हें समस्या आती है।

मित्रता : इनके मित्रों का भी समाज में अपना स्थान होता है, बहुत जल्दी ये किसी को अपना मित्र नहीं स्वीकारते हैं। इनके मित्रों को चाहिए कि आवश्यकता के समय इनकी सहायता करें। प्राय: सूर्य चिह्न (23 अक्तूबर से

22 नवंबर) तथा सिंह (21 जुलाई से 21 अगस्त तक) जन्मे जातक इनके मित्र होते हैं।

स्वास्थ्य व आहार : प्रायः इनका स्वास्थ्य ठीक ही रहता है, फिर भी इनका शरीर किसी भी तरह की संक्रामक बीमारियों का सामना नहीं कर पाता है। अतः इनको इस संबंध में विशेष सावधानी बरतनी चाहिए।

प्रायः इस चिह्न की महिलाएँ यूटरस संबंधी रोग से परेशान रहती हैं। व्यवहार में संतुलन रखने के कारण ये लोग अपने आहार को भी संतुलित रखने का प्रयास रखते हैं। इनको चाहिए कि अपने आहार में अम्लीय व क्षारीय तत्त्वों का संतुलन रखें। इन लोगों के शरीर का लवण सोडियम फॉस्फेट होता है, जो वसीय भोजन के अम्ल और क्षार को निष्क्रिय करने में सहायक होता है। इसकी कमी के कारण एसीडिटी, पाचन संबंधी तथा हड्डी संबंधी बीमारियाँ हो जाती हैं। यह लवण, यकृत तथा किडनी को अच्छी तरह कार्य करने में मदद करता है। इसके लिए इनको आहार में मूली, स्पिनैक, मटर, शलजम, सेब, बादाम, चावल व गेहूँ का उचित मात्रा में प्रयोग करना चाहिए।

ऋणात्मक गुण : प्रायः इन जातकों को धन लाभ अपने भाग्य अथवा सद्भाव व किसी प्रभावशाली व्यक्तित्व के सहयोग से मिलता है, इसलिए इन जातकों को चाहिए कि अपनी भावनाओं को नियंत्रण में रखें। विपरीत लिंग के जातकों से उचित सावधानी की आवश्यकता होती है, जिसके कारण इनका अधिकतर समय व्यर्थ की बातों में नष्ट हो जाता है। अधिक उर्वरक दिमाग होने के कारण किसी विषय विशेष पर कई तरह के विचार इनके दिमाग में आते हैं, अतः इनको तुरंत निर्णय लेने की क्षमता को बढ़ाना चाहिए, अन्यथा अधिक सोच-विचार के कारण इनका निर्णय गलत भी हो सकता है। दूसरे लोग इनकी सरलता का लाभ उठाते हैं, अतः इनको अपने वातावरण पर भी विशेष ध्यान रखना चाहिए। ये लोग अपने कपड़े इत्यादि पर अधिक व्यय करते हैं, जिससे इनकी अर्थव्यवस्था, अस्त-व्यस्त हो जाती है, इस बात में भी सावधानी की आवश्यकता होती है।

भाग्यशाली दिन : प्रायः सोम, मंगल, बुध व शनिवार इनके लिए शुभ दिन हैं।

भाग्यशाली रंग : सफेद, नारंगी व लाल रंग इनके लिए शुभ हैं, जबकि पीला व हरा रंग का प्रयोग वर्जित है।

भाग्यशाली अंक : इनकी जिंदगी में 1, 2, 4, 7 अंक भाग्यशाली होते हैं।

भाग्यशाली रत्न : हीरा व नीलम इनके लिए शुभ रत्न कहे जा सकते हैं।

तुला राशि (23 सितंबर से 22 अक्तूबर तक) के कुछ प्रमुख व्यक्तित्व

क्रांतिकारी/राजनेता : गांधीजी, भगत सिंह, जयप्रकाश नारायण, ईश्वर चंद्र विद्यासागर, अशफाक उल्ला खाँ, एनी बेसेंट, व्लादिमीर पुतिन।

दार्शनिक एवं आध्यात्मिक : मोरारी बापू, लुईस एल. हे, दीपक चोपड़ा।

खिलाड़ी : वीरेंद्र सहवाग, अनिल कुंबले, नवजोद सिंह सिद्धू, पेले, सेरेना विलियम्स।

उद्यमी : अगस्त हॉर्च, हेनरी जे. हेंज, रे क्रोक।

लेखक/कलाकार : देव आनंद, अमिताभ बच्चन, लता मंगेशकर, अशोक कुमार, हेमा मालिनी, रेखा।

वैज्ञानिक : ए.पी.जे. अब्दुल कलाम, इवान पावलोव, अल्फ्रेद नोबेल, नील्स बोर, एस. चंद्रशेखर।

□

वृश्चिक

(23 अक्तूबर से 22 नवंबर)

सायन व्यवस्था के अनुसार 23 अक्तूबर से 22 नवंबर के मध्य जन्म लेनेवाले जातकों का सूर्य-चिह्न वृश्चिक होता है। इस चिह्न का स्वामी मंगल है। यह चिह्न दो प्रकार के जातकों का कारक है। वृश्चिक चिह्न के जातकों का अपनी इंद्रियों पर नियंत्रण होता है, इसीलिए कृष्ण कालीनाग के सिर पर खड़े हो गए थे और उसे अपने वश में कर रखा था। निम्न वृश्चिक के जातक ईर्ष्यालु होते हैं। ये अपनी इंद्रियों के संतुष्टिकरण में अधिक लगे रहते हैं। ये लोग दूसरों को वश में करना जानते हैं, पर अपने आपको वश में नहीं कर पाते हैं।

चारित्रिक विशेषताएँ : इन लोगों का कद मध्यम, शरीर आनुपातिक तथा हाथ लंबे होते हैं। अच्छे व्यक्तित्व के साथ-साथ चौड़ा व सुंदर चेहरा, छोटे व घुँघराले बाल तथा सौष्ठव शरीर इनकी अपनी पहचान है।

स्थिर राशि होने के कारण ये जातक अपने लक्ष्य के प्रति जागरूक रहते हैं अर्थात् यदि इनको किसी अधिकारी से कार्य है, जिसमें इनका स्वार्थ है, तो उस अधिकारी से अधिक बातचीत किए बिना अपने कार्य विशेष पर आ जाते हैं। ये लोग अपने आपको किसी-न-किसी कार्य में व्यस्त रखते हैं।

यदि इन्हें लक्ष्य विशेष को प्राप्त करना होता है तो उस कार्य में जुट जाते हैं, समय बरबाद नहीं करते। इन लोगों की क्षमता कठिनाइयों एवं बाधाओं के समय निखरकर आती है। अंत तक ये लोग प्रयास करते हैं तथा फल को भगवान् पर छोड़ देते हैं। इससे इनके भाग्यवादी होने का भी परिचय मिलता है। जलीय चिह्न होने के कारण इनकी कल्पनाशक्ति एवं दिमाग तेज होता है। इनको अपनी ताकत व क्षमता का एहसास नहीं होता है। ये शक्तियाँ एवं क्षमताएँ इनमें छुपी रहती हैं। यदि इनको कोई एहसास दिला दे या इन्हें एहसास हो जाए तो फिर इनकी क्रियाशीलता इतनी बढ़ जाती है कि लक्ष्य प्राप्त करके ही रहते हैं।

इनका स्वामी मंगल होने के कारण ये लोग साहसी, स्वतंत्र विचारवाले तथा दमखम रखनेवाले होते हैं। इनकी पसंदगी एवं नापसंदगी के बीच में एक रेखा होती है। इनमें दूसरों को नियंत्रण में करने की भावना बहुत तीव्र होती है। अधिकतर ये जातक अपनी मेहनत से ही बनते देखे गए हैं। अतः किसी भी स्थिति का बड़े साहस से सामना करते हैं। ये लोग उग्र स्वभाव के होने के कारण अपना संतुलन बहुत जल्दी खो बैठते हैं, इस कारण ये लोग समाज में बदनाम भी रहते हैं।

ये लोग बेकार की गप्पबाजी में समय व्यर्थ करने से घृणा करते हैं। दूसरों से बातें करने में अपने शब्दों का चयन नाप-तोलकर करते हैं। अपना कोई भी कार्य अंतिम समय पर करते हैं, फिर भी सफलता पाते हैं। अधिकतर दूसरों के कार्य में तब तक रुचि नहीं रखते हैं, जब तक इनसे उसका कोई संबंध न हो।

प्रायः ये लोग मर्मगर्भी होते हैं और जब किसी की आलोचना करते हैं, तो उसमें खूब व्यंग्य भरा होता है। अपने को बचाने के लिए ये दूसरों की कमजोरियों का लाभ उठाते हैं तथा उनको इन कमजोरियों का बार-बार एहसास दिलाते हैं, ताकि इनपर कोई हावी न हो सके। अपने विरोधी पक्ष की क्षमता का भी खूब ज्ञान रखते हैं। प्रायः ये लोग सच्चे तथा वफादार होते हैं, पर ये गुण तभी तक रहते हैं, जब तक दूसरा व्यक्ति इनको लाभ पहुँचा रहा हो, जैसे ही पलड़ा बदलता है अर्थात् इनकी लड़ाई हो जाती है या

विचारों में मतभेद हो जाता है, ये बदला लेने में भी नहीं चूकते हैं।

धन अवस्था : प्राय: ये लोग धन के संबंध में भाग्यशाली होते हैं। शेयर बाजार से अधिकतर इनको लाभ होता है। वैसे धन की इन्हें कमी नहीं रहती, पर अधिक खर्चीली प्रवृत्ति के कारण इन्हें धन संग्रह में परेशानी आती है। बीमारी इत्यादि में इनका अधिक धन जाता है। किसी से धन उधार माँगने में इन्हें घृणा होती है। छोटी बचत में अधिक विश्वास रखते हैं। साझेदारी इत्यादि में धन लगाने से अधिक लाभ की स्थिति नहीं रहती है, बल्कि इनका भागीदार ही अधिक धन कमाकर इनको छोड़ जाता है।

घरेलू व वैवाहिक जीवन : एक अच्छे जीवन के लिए अनुकूल वातावरण का होना आवश्यक है। इनकी यह इच्छा रहती है कि ये जो कुछ भी कहें, दूसरा अर्थात् घरवाले उसका अनुसरण करें। ये लोग कदापि नहीं चाहते कि कोई दूसरा इनको आदेश दे। सभी सुख-सुविधाओं के बिना इनका जीवन कष्टमय रहता है। अपने घर को अपने अनुसार बनाने के लिए किसी आनेवाले धन की आशा में आज का धन भी व्यय कर देते हैं। इनका सबसे अच्छा गुण यह है कि विपरीत दिनों में ये अपनी कठिनाइयों को पहचान जाते हैं तथा तब भी अच्छा जीवन व्यतीत करते हैं। प्रेम प्रसंग के मामले में ये लोग क्रियाशील होते हैं, पर जब तक विपरीत लिंग के प्रति उदार भावना, सहनशीलता तथा समुचित समझदारी न हो, तब तक इनका प्रेम ठीक से नहीं चलता है। बहुत से लोगों की भाँति ये भी चाहते हैं कि इनका जीवनसाथी इनकी प्रशंसा करे। यदि ऐसा नहीं होता है तो इनको भावनात्मक धक्का लगता है। अपने जीवनसाथी द्वारा की गई आलोचना को ये लोग झेल नहीं सकते। प्राय: इनका जीवनसाथी ईमानदार, सच्चा इनको खुश रखनेवाला होता है।

इस चिह्न में पैदा हुई महिलाओं को जीवन में तब ही आनंद आता है, जब उनका पति उनके प्रति सम्मान भावना रखता हो। यदि इनके पति का सूर्य-चिह्न भी वृश्चिक है, तो इनके जीवन में बहार आ जाती है। इसके अतिरिक्त कर्क, कन्या, मकर व मीन सूर्य-चिह्न के पति भी इनको जीवन सुख देते हैं। इन चिह्नों के जातक अपनी पत्नी के स्वभाव को

समझने में तथा उग्र स्वभाव को कम करने में सहायक होते हैं, ऐसे जातक अपने संबंधों को आपस में भली-भाँति व्यवस्थित कर लेते हैं, ताकि किसी दूसरे को इनके मतभेदों की कानों-कान खबर न लगे। इस चिह्न की महिलाओं की सबसे बड़ी कमजोरी यह होती है कि यद्यपि ये कार्यकुशल होती हैं, मेहनत से काम भी करती हैं, पर इन्हें जबरदस्त क्रोध आ जाता है, जिससे पति की स्थिति भी खराब हो जाती है। अतः इस चिह्न की महिलाओं के पतियों को चाहिए कि इनकी इस आदत को सुधारने का प्रयास करें।

ये लोग संतानों के बारे में उदार होते हैं तथा बड़े परिवार के बारे में दलील देते हैं। इन लोगों की संतानें बुद्धिमान तथा भाग्यशाली होती हैं। इनकी धर्म-कर्म के कार्यों में अधिक रुचि होती है। बृहस्पति व बुध से प्रभावित होने के कारण इनकी संतान न्यायप्रिय तथा कूटनीतिज्ञ किस्म की होती है। गणित, कानून, अध्यापन, कूटनीति, शासन इत्यादि में अधिक रुचि होती है।

व्यवसाय : इस चिह्न के जातक रासायनिक विज्ञान, ऑटोमोबाइल, सेना, डॉक्टर, खुफिया विभाग, रेल विभाग इत्यादि में अधिक जाते हैं। कूटनीतिज्ञ व प्रकाशक के रूप में इन्हें सफल पाया गया है। ऐसे लोग नई खोज करने में सफल होते हैं। इनमें आत्मभाषी गुण होने के कारण एक डॉक्टर के रूप में रोग के सही निदान में इन्हें सफलता मिलती है। शेयर बाजार में भी ये लोग सफल होते हैं।

मित्रता : इनके मित्र अधिकतर व्यावसायिक किस्म के होते हैं, जो इनसे काम लेने के समय कुछ भी कर सकते हैं। इनके मित्र गिने-चुने ही होते हैं। वैसे भी इनको मित्रों से कम ही लाभ मिलता है, फिर भी धनु तथा कन्या सूर्य-चिह्न के जातक इनके अच्छे मित्र होते हैं।

स्वास्थ्य व आहार : यह चिह्न शरीर में जनेंद्रियों, गुर्दे, प्रोस्टेट ग्रंथि इत्यादि को नियंत्रित करता है। अतः इन जातकों को इन अंगों से संबंधित बीमारियाँ हो सकती हैं।

इसके अतिरिक्त दिमाग से संबंधित बीमारियाँ, नींद न आना तथा अन्य

विकार भी संभव हैं, मानसिक असंतुलन भी हो सकता है।

इन जातकों का लवण लाइम सल्फेट है। यह संक्रमण को रोकने में सहायक होता है। इसकी कमी के कारण रक्त अशुद्ध हो जाता है व विकार पैदा करता है। इसका प्रयोग शरीर से उन कार्बनिक तत्त्वों को अलग करने में सहायक होता है, जिसकी आवश्यकता नहीं होती है। इसकी कमी पेट में कब्ज करता है।

अपने आहार में इनको प्याज, सरसों, लहसुन, बंद गोभी, शलजम व मछली का प्रयोग अधिक करना चाहिए, ताकि इस लवण की कमी की पूर्ति होती रहे। यदि ये अपने शरीर को स्वस्थ रखना चाहते हैं, तो इन्हें मानसिक रूप से आरामवाले व्यायाम अवश्य करने चाहिए। ये लोग योग का सहारा भी ले सकते हैं, सुबह-शाम खुली हवा में रहें एवं लंबी-लंबी साँसें लें।

ऋणात्मक गुण : इनको चाहिए कि पहले तो किसी की आलोचना न करें, यदि करें भी तो व्यंग्यात्मक वाणी का प्रयोग न करें। हर किसी को अपने अधीन न समझें और न ही उतना चालाक व बुद्धिमान समझें, जितना कि ये स्वयं हैं। अपने संतुलन को किसी भी स्थिति में बनाए रखने का प्रयास करें, धैर्य न खोएँ। इनके लिए अधिक स्वार्थी होना भी ठीक नहीं है। यदि इस चिह्न का स्वामी कुंडली में खराब हो, तो ये जातक अपने परिवार तथा समाज के लिए कलंक हो जाते हैं।

भाग्यशाली दिन : रविवार, सोमवार, मंगलवार व बृहस्पतिवार विशेषकर भाग्यशाली दिन हैं।

भाग्यशाली रंग : प्राय: पीला, लाल, नारंगी व क्रीम रंग इन जातकों के लिए शुभ होते हैं। इन रंगों का कपड़ा, वाहन का रंग, घर के रंग के चयन में विशेष ध्यान रखें। एकदम सफेद, हरा व नीले रंग का प्रयोग वर्जित है।

भाग्यशाली अंक : इन जातकों को 1, 2, 3, 4, 7 व 9 अंक सफलता प्रदान करते देखे गए हैं। 5, 6 व 8 अंकों का प्रयोग अपने कार्यों में नहीं करना चाहिए।

भाग्यशाली रत्न : मूँगा, मोती व माणिक इनके लिए शुभ रत्न हैं।

वृश्चिक राशि (23 अक्तूबर से 22 नवंबर तक) के कुछ प्रमुख व्यक्तित्व

क्रांतिकारी/राजनेता : जवाहरलाल नेहरू, इंदिरा गांधी, नानाजी देशमुख, जे.बी. कृपलानी, भाई परमानंद, लालकृष्ण आडवाणी, गणेश शंकर विद्यार्थी, मुलायम सिंह यादव।

दार्शनिक एवं आध्यात्मिक : मार्टिन लूथर, भगिनी निवेदिता।

खिलाड़ी : विराट कोहली, ब्रेट ली, एडम गिलक्रिस्ट, डिएगो माराडोना।

उद्यमी : बिल गेट्स, जैक वेल्श, टेड टर्नर, इंद्रा नूई।

लेखक/कलाकार : शाहरुख खान, ऐश्वर्या राय, लियोनार्डो दी कैप्रियो, पाब्लो पिकासो।

वैज्ञानिक : सी.वी. रमन, होमी जहाँगीर भाभा, मैडम क्यूरी।

□

धनु

(23 नवंबर से 20 दिसंबर)

सायन व्यवस्था के अनुसार सूर्य 23 नवंबर को धनु राशि में प्रवेश करता है तथा 20 दिसंबर को यह राशि छोड़ता है, इसलिए जो जातक 23 नवंबर से 20 दिसंबर के बीच पैदा होते हैं, उनका सूर्य-चिह्न धनु होता है। इस राशि का स्वामी बृहस्पति होता है।

चारित्रिक विशेषताएँ : इस चिह्न के जातकों का शरीर आनुपातिक होता है। कद में ये लोग अधिकतर लंबे होते हैं। चौड़ा माथा, घनी भौंहें, लंबी नाक एवं सुंदर व्यक्तित्व इनकी अपनी पहचान है।

अग्नि तत्त्व होने के कारण प्राय: ये लोग साहसी तथा निर्भीक होते हैं। महत्त्वाकांक्षी तथा लालची होना भी इनकी विशेषता है। ये लोग जीवन के उज्ज्वल पक्ष को ही अधिक महत्त्व देते हैं, इसीलिए कठिन-से-कठिन परिस्थिति से भी ये अपने आपको निकाल लेते हैं। अग्नि तत्त्व इनको ऊर्जा, शक्ति व उत्साह प्रदान करता है।

निर्णय लेने के विषय में इनका कोई भी सानी नहीं होता है। ये लोग किसी भी विषय में निर्णय उसके गुण व दोषों को तौल कर ही देते हैं तथा उस विषय की गहराई में पहुँचकर ही निर्णय लेते हैं। किसी भी कार्य विशेष को आरंभ करने में ये लोग समय अवश्य लेते हैं, क्योंकि कार्य की योजना बनाने में इन्हें समय लग जाता है। वाद-विवाद की स्थिति में इन लोगों की समझ में

जो कुछ भी आता है, बोल देते हैं। ये लोग सत्यता के पुजारी होते हैं, इसलिए इनकी बातें लोगों को कड़वी लगती हैं। ये किसी को भी नहीं बख्शते। इनके इस गुण को ध्यान में रखते हुए यदि कभी इनसे मिलना हो तो अकेले में मिलना चाहिए, क्योंकि ये किसी की भी आलोचना करने से नहीं चूकते हैं। ये लोग उच्च शिक्षा के लिए विदेश भी जाते हैं तथा यात्राओं के बहुत शौकीन होते हैं। इन्हें विदेशियों से मित्रता का बहुत शौक होता है तथा धार्मिक प्रवृत्ति भी इनके अंदर होती है।

खेल इत्यादि के भी ये लोग शौकीन होते हैं तथा न्याय करने में भी इनकी रुचि होती है। यदि दो व्यक्ति आपस में लड़ रहे हों, तो ये लोग उनके बीच में न्याय करने पहुँच जाते हैं। बुद्धिमत्ता में इनका कोई जवाब नहीं होता है, अतः कोई भी बात इन्हें बताई जाए, तो उसे एकदम समझ जाते हैं। अतः इस चिह्न के जातक, जो विद्यार्थी हैं, उनकी स्मरण शक्ति भी अच्छी होती है। बृहस्पति स्वामी होने के कारण इनको आत्मभाष भी होता है। इन्हें जानवर पालने का शौक होता है तथा बागवानी इत्यादि में भी इनकी रुचि होती है।

धन अवस्था : अग्नि तत्त्व से प्रभावित होने के कारण ये लोग धन को अपनी मुट्ठी में बंद करके नहीं रख सकते। अतः इनका हाथ खुला रहता है। शेयर बाजार से इन्हें लाभ नहीं होता है। अपने यौवन काल में ही ये लोग धनी हो जाते हैं। लेखन, प्रिंटिंग प्रेस इत्यादि से भी इनको धन की प्राप्ति होती है।

घरेलू व वैवाहिक जीवन : यद्यपि ये लोग अपने रिश्तेदारों के प्रति कोई खास रुचि नहीं रखते पर विपरीत लिंग के प्रति सहज ही आकर्षित हो जाते हैं तथा उनसे मित्रता कर लेते हैं। धनु चिह्न के पुरुषों की पत्नियों को यह जानना चाहिए कि इन्हें गुस्सा बहुत तेजी से आता है तथा कुछ ही देर में उतर भी जाता है, अतः इनकी पत्नियाँ इनके स्वभाव को समझ जाती हैं, तो घरेलू वातावरण में शांति रहती है। चूँकि ये लोग खेल तथा सामाजिक कार्यों के प्रति रुझान रखते हैं, अतः इनके घरवालों को लगता है कि ये घर के प्रति अधिक ध्यान नहीं रखते। इसलिए इनके अपने घर में शंकालु वातावरण बना रहता है। इनकी पत्नियों को चाहिए कि उदारतापूर्वक इनको समझें। ये प्रायः सद्‌चरित्रवाले होते हैं। एक पति अपनी पत्नी से जो कुछ भी चाहता है, वे सभी गुण इन

महिलाओं में होते हैं। वे कभी भी अपने पति के कार्यों में व्यवधान नहीं डालती हैं। वे अपने पति को तब तक सलाह नहीं देतीं, जब तक उनसे विशेष रूप से पूछा नहीं जाता है। लेकिन फिर भी, बिना पति को बताए ही उनकी सहायता करती हैं। यदि इन्हें पता लग जाता है कि इनका पति कहीं गलत है, तो भी ये अपना गांभीर्य एवं शील बनाए रखती हैं। इन लोगों की संतान, बचपन में बहुत जिद्दी स्वभाव की होती है। समय के साथ-साथ इनका अपनी संतान से प्रेम बढ़ता जाता है। यदि ये लोग उनकी स्वतंत्रता तथा व्यवहार पर किसी भी तरह की पाबंदी लगाते हैं, तो इनकी संतानें जिद्दी तथा हठी हो जाती हैं और तब उन्हें सही रास्ते पर लाना मुश्किल हो जाता है, अतः इन्हें अपनी संतानों को सही ढंग से नियंत्रित करना चाहिए।

अपने रिश्तेदारों के प्रति इन लोगों का रुझान कम ही होता है, इसलिए अपने रिश्तेदारों के बीच ये लोग कम लोकप्रिय होते हैं।

व्यवसाय : ये लोग एक स्थान पर बैठकर कार्य करना स्वीकार नहीं करते। अधिकतर आदेश देनेवाले कार्यों के प्रति इनकी लालसा होती है और तभी इनके मौलिक गुण सामने आते हैं, जब इनको स्वतंत्र रूप से कार्य करने का अवसर मिलता है। दशम भाव का स्वामी बुध होने के कारण इन लोगों को संपादन, प्रकाशन तथा विज्ञापन एजेंसियों में कार्य करते देखा जा सकता है। ये लोग अच्छे चार्टर्ड एकाउंटेंट भी हो सकते हैं। विदेशी दूतावासों में भी कार्य करते हुए उन्हें देखा जा सकता है। ऐसे कार्य, जिसमें दिमाग का अधिक उपयोग हो, इनका कार्यक्षेत्र हो सकता है। अध्यापन, इंजीनियरिंग, राजनीति इत्यादि क्षेत्र भी इन लोगों के लिए अनुकूल हैं। अपने सत्य स्वभाव के कारण किसी भी कार्यक्षेत्र में इनको वांछित लोकप्रियता नहीं मिल पाती है।

स्वास्थ्य व आहार : धनु सूर्य-चिह्न के व्यक्तियों की जाँघें, यकृत, पीठ के निचले भागों को दरशाता है। अतः इन जातकों को साइटिका, अस्थि संबंधी रोग तथा यकृत संबंधी बीमारी होती है। यदि शनि व मंगल से धनु राशि प्रभावित हो, तो ऐसे जातकों की बार-बार हड्डियाँ टूटती हैं। कार्यशीलता अधिक होने के कारण इन जातकों को मानसिक थकान हो जाती है, जिसे

मिटाने के लिए इन्हें तरह-तरह के खेलों में भाग लेना चाहिए। ऐसी अवस्था में शतरंज कदापि न खेलें। मांसपेशियों की थकान मिटाने के लिए मालिश इत्यादि करवा सकते हैं। ध्यान इत्यादि भी इनको मानसिक थकान से राहत दिला सकता है।

इन जातकों का लवण सिलिका ऑक्साइड होता है। इसका कार्य शरीर में रक्त संबंधी विकारों को दूर करना होता है। इसकी कमी के कारण इन जातकों को फोड़े-फुंसी भी हो जाते हैं।

यह शरीर की नसों तथा हड्डियों का एक अवयव होता है और शरीर के तापक्रम को बनाए रखने में सहायक होता है। जहाँ तक आहार का प्रश्न है, इनको अधिक गरिष्ठ व तला-भुना भोजन नहीं करना चाहिए। अपने आहार में हरी सब्जियाँ, मांस-मछली, फल तथा रेशेदार अनाजों का प्रयोग करना चाहिए, जिनके प्रयोग से इनके शरीर को आवश्यक लवण की पूर्ति हो सके।

मित्रता : इनके लिए किसी को भी मित्र बनाना आसान है। कभी-कभी तो ऐसा भी हो जाता है कि किसी व्यक्ति विशेष से पहले-पहले बहुत लड़ाई होती है तथा उसी व्यक्ति से अंतत: प्रगाढ़ मित्रता हो जाती है। वास्तव में ये लोग अपने मित्रों के चहेते होते हैं। इनकी मधुर मुसकान मित्र बनाने में सहायक होती है।

ऋणात्मक गुण : कभी-कभी ये लोग अपने व्यवहार में बहुत रुखे हो जाते हैं। अपने कार्यों का अपने आप बखान करते हैं, जिससे लोगों को लगता है कि अपने मुँह मियाँ मिट्ठू बन रहे हैं। इससे इन लोगों के द्वारा किए गए कार्यों की उतनी अहमियत नहीं रहती है। इन लोगों को दूसरे के साथ वादा करने की तो आदत होती है, पर उसे समय से निभाते नहीं हैं। इन्हें चाहिए कि ये अपनी सलाह देकर किसी दूसरे की भावनाओं को ठेस न पहुँचाएँ। इसके लिए स्वभाव में अधिक-से-अधिक शील लाना आवश्यक है। इसके अतिरिक्त अपने निकटतम संबंधियों से घृणा कम करें।

भाग्यशाली दिन : बुध व शुक्रवार भाग्यशाली दिन होते हैं। जहाँ बृहस्पतिवार सफलता प्रदान करता है, वहीं सोमवार परेशानी पैदा करता है।

भाग्यशाली रंग : सफेद, क्रीम, हरा, नारंगी व हलके नीले रंग का प्रयोग शुभ है, लाल रंग का प्रयोग वर्जित है।

भाग्यशाली अंक : 3, 5, 6 व 8 भाग्यशाली अंक हैं। 2, 7 व 9 अंक का प्रयोग वर्जित है।

भाग्यशाली रत्न : पुखराज व माणिक इन जातकों के लिए शुभ रत्न कहे जा सकते हैं।

धनु राशि (23 नवंबर से 20 दिसंबर तक) के कुछ प्रमुख व्यक्तित्व

क्रांतिकारी/राजनेता : राजेंद्र प्रसाद, सोनिया गांधी, विंसटन चर्चिल।

दार्शनिक एवं आध्यात्मिक : श्री सत्य साईं बाबा, डेल कार्नेगी, बी.के.एस. आयंगार।

खिलाड़ी : विश्वनाथ आनंद, युवराज सिंह, रिकी पोंटिंग।

उद्यमी : वर्गीज कुरियन, वॉल्ट डिज्नी।

लेखक/कलाकार : दिलीप कुमार, धर्मेंद्र, रजनीकांत, बीथोवेन, ब्रैड पिट, ब्रूस ली।

वैज्ञानिक : जगदीशचंद्र बोस, श्रीनिवास रामानुजन, सलीम अली, वर्नर हाइजनबर्ग।

□

मकर

(21 दिसंबर से 19 जनवरी)

सायन व्यवस्था के अनुसार 21 दिसंबर से 19 जनवरी तक जन्म लेनेवाले जातकों का सूर्य-चिह्न मकर यानी कैप्रिकोर्न होता है। इस चिह्न का स्वामी शनि ग्रह है।

चारित्रिक विशेषताएँ : प्राय: ऐसे जातक महत्त्वाकांक्षी होते हैं। अपने लक्ष्य को प्राप्त करने में कोई भी कसर नहीं छोड़ते हैं। ये लोग काफी प्रगतिशील, विचारशील तथा व्यापारिक बुद्धि के होते हैं। अत: जब एक बार किसी काम को करने का निर्णय ले लेते हैं, तो बस उसे करके ही छोड़ते हैं। यहीं पर ये अपने दुश्मनों को मात दे देते हैं। इनके धीरे-धीरे काम करने की विधि से दूसरे लोग यानी कि बड़े अफसर इनसे खफा रहते हैं और इन्हें उतनी अहमियत नहीं देते हैं, पर अपने धैर्य के कारण ये अपना लक्ष्य प्राप्त करके ही रहते हैं, चाहे कितनी भी कठिनाइयाँ क्यों न आएँ। अधिकारियों को चाहिए कि यदि किसी कठिन काम को करवाना है, तो मकर सूर्य-चिह्न के जातक को काम पर लगाएँ। इनके धैर्य की सीमा तो यहाँ तक होती है कि ये सफलता का इंतजार वर्षों तक कर सकते हैं। ये लोग प्राय: प्रसिद्धि के बजाय, अधिकार शक्ति के भूखे होते हैं। ऐसे जातक प्राय: सुरक्षा का खयाल करनेवाले तथा जिम्मेदार व्यक्तित्ववाले होते हैं। यदि इनको किसी भी प्रोफेशन में असुरक्षा का अनुभव हो जाए, तो वे अपने कॅरियर को पूर्ण रूप से बदलने में भी हिचकिचाते नहीं हैं। ये लोग प्राय: दूसरों के वायदों पर कम ही विश्वास करते हैं। इन लोगों को दूसरों से दोस्ती करने में

परेशानी होती है, पर यदि कोई मित्र बन जाए, तो वह इनसे लाभान्वित होता है। ये जातक मित्र के कुछ कहे बिना ही उसकी सहायता करते हैं। ये लोग प्राय: किसी प्रकार के भी त्याग के लिए तैयार रहते हैं।

धन अवस्था : जैसा कि पहले कहा जा चुका है कि ये जातक सुरक्षा-सजग होते हैं, अत: कभी भी अपना धन सट्टे या जुए में नहीं लगाते हैं। ये चाहते हैं कि इनका धन स्थिर संपत्ति में लगा रहे। किसी भी धन संबंधी मामले में लोगों की सलाह लेकर ही कार्य करते हैं। इनकी धन अवस्था इतनी अच्छी नहीं होती, फिर भी ये कठिनाइयों से नहीं घबराते हैं तथा एक से अधिक स्रोतों से धन कमाते हैं। ये न तो अपने धन को व्यर्थ होने देते हैं, न ही दूसरे के धन का लाभ उठाने की चेष्टा करते हैं। ये लोग सफल वित्त अधिकारी हो सकते हैं।

घरेलू व वैवाहिक जीवन : ऐसे जातक खुशहाल वैवाहिक जीवन के इच्छुक होते हैं और घर में सभी लोगों को पितृवत् स्नेह देते हैं। अपने कर्तव्य व उत्तरदायित्व को बड़ी गंभीरता से निभाते हैं। ये लोग विपरीत सेक्स की ओर बहुत धीरे-धीरे बढ़ते हैं। वास्तव में ये शर्मीले होते हैं, इसलिए विवाह के विषय में भी बड़ी कठिनता से निर्णय ले पाते हैं। इनका सहयोगी (पति या पत्नी) निस्स्वार्थी या मितव्ययी होता है और वह अपने सहयोगी को व्यय करने से रोकता है। इनका जीवनसाथी परिवार के संस्कारों व प्रथाओं को माननेवाला, संवेदनशील, मेहनती तथा अनुशासित होता है। ये लोग प्राय: जल्दी विवाह नहीं करना चाहते हैं, फिर भी पारिवारिक परिस्थितियों के कारण जल्दी विवाह कर ही बैठते हैं। ये कम संतानों की चाह के विपरीत बड़े परिवार के संरक्षक बन बैठते हैं। मन-ही-मन अपनी पत्नी व बच्चों को प्रेम करते हैं, पर कभी दरशाते नहीं हैं। ये लोग अपनी पत्नी के लिए उपहार भी कम ही लाते हैं। घर में शांति का वातावरण चाहते हैं, पर यदि किसी कारण हलका- फुलका झगड़ा हो जाए, तो अपनी गरिमा को बनाए रखने के लिए शांति रखते हैं।

व्यवसाय : ये लोग ऐसा कार्य या व्यवसाय करते हैं, जिसमें शांति हो

और सुरक्षित हो। साथ-ही-साथ पदोन्नति के अवसर हों, ताकि समय के साथ-साथ शिखर पर पहुँच सकें। प्रायः इन्हें सरकारी व्यवसाय (उच्चकोटि का) और सेना अधिकारी सेवा व राजनीति ही अच्छी लगती है। ये लोग प्रायः उच्च स्थानों पर आसीन देखे गए हैं। इन्हें अध्यापन कार्य, दंतचिकित्सा, विज्ञान संबंधी कार्य भी अच्छे लगते हैं। ये लोग गुप्तचर सेवा में भी अच्छा कार्य कर सकते हैं।

स्वास्थ्य : प्रायः इन जातकों को घुटने, हड्डियों, दाँत व त्वचा संबंधी बीमारियाँ होती हैं। ऑर्थेराइटिस व हड्डी के जोड़ों का दर्द इन जातकों की परेशानी का कारण होता है। इन जातकों को पाचन तंत्र का कष्ट भी होता है। ऐसे जातकों को अपनी हड्डी के जोड़ों को घुमाने का व्यायाम करना चाहिए, ताकि जोड़ों के घूमने में सहायक द्रव्य का घनत्व कम न होने पाए। तैरना इनके लिए सर्वोत्तम व्यायाम है। फुटबॉल तथा अन्य खेल, जिनमें हड्डी के जोड़ों पर अधिक जोर पड़ता है, नहीं खेलने चाहिए। किसी भी प्रकार के तनाव को कम करने के लिए मालिश या लंबी साँस खींचनेवाली क्रिया उपयुक्त है। चूँकि इस प्रकार के व्यक्ति तनाव को अपने अंदर समाए रखते हैं, अतः नृत्य, पेंटिंग व संगीत ऐसे माध्यम हैं, जिनके द्वारा तनाव मुक्त हुआ जा सकता है।

मित्रता : ऐसे जातकों की मित्रता अपनी उम्र से अधिक उम्रवालों से होती है। इनके जीवन का अच्छा समय 40 के ऊपर ही कहा जा सकता है। इन लोगों के अधिक मित्र नहीं होते हैं। किसी भी मित्रता का आधार बहुत सावधानी से बनाते हैं। लोगों को लगता है कि ये उनके परम मित्र हैं, पर ऐसा नहीं होता है। अपने व्यवहार में ये लोग सम भाव ही रखते हैं।

आहार : प्रायः ये लोग खाने के शौकीन होते हैं। इनके शरीर के कोषाणु का लवण कैल्शियम फॉस्फेट होता है, जो हड्डियाँ व दाँत बनाने के काम आता है। यह भोजन में एल्ब्युमैन की मात्रा को नियंत्रित करता है। इसकी कमी अधिक एल्ब्युमैन बनाता है। किडनी विकार, पथरी रोग तथा त्वचा संबंधी रोगों को भी बढ़ाता है। कैल्शियम फॉस्फेट अधिकतर

पालक, खीरा, स्ट्रॉबेरी, बादाम, गेहूँ, ज्वार, मछली, दूध इत्यादि से मिलता है। उपर्युक्त व्यायाम तथा आहार का संतुलित व संयम से सेवन करना ही जीवन के लिए लाभदायक सिद्ध हो सकता है। आहार में दूध से बनी चीजों का प्रयोग भी लाभकर है। एक बात ध्यान देने की है कि जब कभी इनका स्वास्थ्य अधिक भोजन के कारण खराब हो, तब भोजन न करें, तो लाभप्रद होगा।

ऋणात्मक गुण : ये लोग अपने कॅरियर को सबसे अधिक प्राथमिकता देते हैं, जिसको प्राप्त करने के लिए ये बड़ी गंभीरता से प्रयास करते हैं। इससे इनका परिवार इत्यादि कठिनाई महसूस करता है। कभी-कभी इन्हें अकेलेपन का भी अनुभव होता है। अपने लक्ष्य के प्रति निराशात्मक प्रवृत्ति होने से इनको लक्ष्य प्राप्त करने में परेशानी होती है और इनका दिल टूट जाता है। ये लोग विभिन्न कार्यों को अपने हाथ में लेकर अपने शरीर के साथ अन्याय करते हैं, और थकान के कारण तनावग्रस्त हो जाते हैं। इनको अपने अंदर स्वाभिमान, कूटनीतिज्ञता व गरिमा का विकास करना चाहिए।

भाग्यशाली दिन : सप्ताह के शुक्र, मंगल व शनिवार प्रायः अच्छे दिन होते हैं। सोमवार व रविवार को कोई कार्य शुरू न करें।

भाग्यशाली रंग : इनको अपने वस्त्रों इत्यादि में अधिकतर सफेद, लाल व नीले रंग का प्रयोग करना चाहिए, ताकि रंगों के प्रभाव से इनकी मानसिक अवस्था ठीक रहे।

भाग्यशाली अंक : 6, 8 व 9 भाग्यशाली अंक हैं, परंतु अंक 3 का प्रयोग वर्जित है।

भाग्यशाली रत्न : नीलम इनका भाग्यशाली रत्न होता है तथा पन्ना का प्रयोग भी किया जा सकता है।

मकर राशि (21 दिसंबर से 19 जनवरी तक) के कुछ प्रमुख व्यक्तित्व

क्रांतिकारी/राजनेता : अटल बिहारी वाजपेयी, हामिद करजई, ऑन्ग सॉन्ग सू की, कन्हैयालाल माणिकलाल मुंशी, पं. मदन मोहन मालवीय, मार्टिन लूथर किंग, ।

दार्शनिक एवं आध्यात्मिक : स्वामी विवेकानंद, महर्षि महेश योगी, विद्यानिवास मिश्र।

खिलाड़ी : कपिल देव, राहुल द्रविड़, अली खान पटौदी, मुहम्मद अली, टाइगर वुड्स, माइकल शूमाकर।

उद्यमी : धीरूभाई अंबानी, रतन टाटा।

लेखक/कलाकार : बाबू गुलाब राय, राजेश खन्ना, ऋतिक रोशन, सलमान खान, अनिल कपूर, मुहम्मद रफी, ए.आर. रहमान, एल्विस प्रेस्ली।

वैज्ञानिक : सर आइजक न्यूटन, बेंजामिन फ्रैंकलिन, स्टीफन हॉकिंग, जेम्स वाट, श्रीनिवास रामानुजन।

□

कुंभ

(20 जनवरी से 18 फरवरी)

सायन व्यवस्था के अनुसार 20 जनवरी से 18 फरवरी तक जन्म लेनेवाले जातकों का सूर्य-चिह्न कुंभ होता है। शनि इस चिह्न का स्वामी होता है।

चारित्रिक विशेषताएँ : ऐसे जातक बुद्धिमान होते हैं तथा किसी भी क्षेत्र में माहिर होते हैं। इन लोगों को पराधीनता पसंद नहीं होती है। अधिक स्वतंत्रता के प्रयास में ये अपने वातावरण में आमूल-चूल परिवर्तन से भी नहीं चूकते हैं। अपनी स्वतंत्रता के बारे में ये अधिकतर चिंतित रहते हैं, चाहे बाहर हों या कार्यालय में। ऐसे जातक दूसरों को सदा खुश देखना चाहते हैं, चाहे इन्हें अपना ही त्याग क्यों न करना पड़े। इनको अधिकतर बेचैन पाया जाता है, क्योंकि ये लोग परिवर्तन के चक्कर में पड़े रहते हैं। कभी-कभी ये लोग बाकी लोगों को सनकी प्रतीत होते हैं। अपने आदेश इत्यादि दूसरों को देने में नहीं चूकते हैं, चाहे ये आदेश देने के अधिकारी न हों। यद्यपि ये दूसरों के प्रति काफी सहानुभूति रखते हैं, फिर भी ये दूसरों के लिए पहले ही बने रहते हैं। यद्यपि ये लोग कल्पनाओं तथा योजनाओं के भंडार होते हैं, पर ये लोग अपने आपको पूर्णतया व्यक्त नहीं कर पाते हैं। यदि किसी सभा में कोई व्यक्ति बोल रहा हो, पर बोलने में अटक रहा हो, तो समझिए उसका सूर्य-चिह्न कुंभ है। इसके अतिरिक्त ये लोग क्लबों, सभाओं तथा अन्य कार्यक्रम में काफी बढ़-चढ़कर कार्य करते हैं, पर आगे आना पसंद नहीं करते हैं। लड़ाई इत्यादि में बीच-बचाव का कार्य भी ये लोग अच्छा कर सकते हैं। इनका कार्य करने

तथा अन्य बातों का भी अलग अंदाज होता है। किसी पार्टी इत्यादि में कोई व्यक्ति कुछ अलग सा लग रहा हो, अपने व्यक्तित्व व वेशभूषा के कारण, तो समझिए कि इसका जन्म 20 जनवरी से 22 फरवरी तक हुआ है।

धन अवस्था : प्रायः ये लोग धन के बारे में चिंतित नहीं रहते हैं और जहाँ-तहाँ से धन प्राप्ति के चक्कर में नहीं रहते हैं, बल्कि ये लोग बड़े धैर्य से कार्य कर धन प्राप्त करते हैं तथा धन प्राप्ति में अपनी बुद्धि का प्रयोग करते हैं। प्रायः ये लोग मान-सम्मान प्राप्त करने की चेष्टा नहीं करते हैं, जबकि मान-सम्मान इन लोगों को स्वतः ही मिल जाता है। धन को ये लोग जीवनयापन के लिए आवश्यक समझते हैं।

घरेलू व वैवाहिक जीवन : इनको ऐसे जीवनसाथी की आवश्यकता होती है, जिसका स्वभाव इनकी ही तरह शांत हो। ये लोग किसी भी तरह की पार्टनरशिप के प्रति वफादार रहते हैं, पर अपने पार्टनर की एकाधिकार भावना को बरदाश्त नहीं कर पाते हैं। प्रायः इनको शिक्षित व समझदार जीवनसाथी की आवश्यकता होती है। वैसे तो ये किसी के भी साथ घूम सकते हैं, पर दोस्ती उससे ही करते हैं, जो इनकी कसौटी पर खरा उतरता है। यदि कोई इनके विचार के अनुसार ठीक नहीं बैठता है, तो उससे बिना कारण बताए ही दोस्ती तोड़ देते हैं। कुंभ सूर्य-चिह्न की पत्नियों के तो क्या कहने! ये सबसे अलग होती हैं। यदि इनको लगता है कि इनका सहयोगी इनके विचारों से मेल नहीं खाता है, तो ये दूसरा सहयोगी चुनने में नहीं चुकती हैं। इस सूर्य-चिह्न के लोग अपने रिश्तेदारों के लिए भी कर्तव्यशील होते हैं, पर न तो अधिक लगाव करते हैं और न ही अलगाव। ये लोग अपने बच्चों को उनकी उम्र से अधिक मानकर प्यार करते हैं और बच्चे भी इसलिए इन्हें प्यार व आदर देते हैं।

व्यवसाय : ऐसे जातक अधिकतर खोजी प्रवृत्ति के होते हैं। अनुसंधान एवं विकास विभागों में बहुतायत में पाए जाते हैं तथा यदि किसी और विभाग में भी रहें तो इनका दिमाग अनुसंधान व कल्पना में ही लगा रहता है। इसके अतिरिक्त ऐसे जातक चिकित्सक, वैज्ञानिक, गुप्तचर विभाग में कार्यरत, खगोलशास्त्री, ज्योतिषी, सामाजिक कार्य में रत समाजसेवी के रूप में कार्यरत देखे गए हैं। धरती से निकले द्रव्य या खनिज पदार्थों से

संबंधित व्यवसाय में भी ये लोग सफल होते हैं।

स्वास्थ्य : प्रायः कुंभ सूर्य-चिह्न के जातकों को त्वचा, हड्डी व रक्तचाप संबंधी बीमारियाँ होती हैं। इनके पाँवों में दर्द, मसकुलर स्ट्रेस, हृदय संबंधी बीमारी भी होती है, इसलिए ये लोग संक्रामक रोग के भी शिकार होते हैं। ऐसे जातकों को कठिन व्यायाम की आवश्यकता होती है, ताकि इनका श्वसन तंत्र ठीक से कार्य करता रहे। इसके लिए रस्सी कूद तथा खुली हवा में लंबी साँस का व्यायाम करना चाहिए, ताकि ये चुस्त रहें और आलसी न बन पाएँ। दिमागी तनाव से मुक्त होने के लिए योग ही सर्वोत्तम है, इससे दिमागी संतुलन बना रहेगा। इनको काफी नींद की आवश्यकता होती है, पर ये अधिक नहीं सो पाते हैं, क्योंकि लेटे हुए भी इनका दिमाग क्रियाशील रहता है। इसलिए इनको सायंकाल के समय ऐसी कोई भी क्रिया नहीं करनी चाहिए, जिससे दिमागी परेशानी होती है।

मित्रता : ये लोग प्रायः मित्रतावाले, खुशमिजाज व हाजिरजवाब होते है। इनको अच्छे, सच्चे व ईमानदार मित्रों की आवश्यकता होती है। ये लोग दूसरों के अवगुणों में अधिक ध्यान नहीं देते और यदि कोई इनके साथ अच्छा व्यवहार नहीं करता है, तब भी उसे क्षमा कर देते हैं। ये लोग व्यापार में अच्छे मित्र तथा अच्छे सहयोगी साबित होते हैं।

आहार : मानव का शरीर विभिन्न कोशिकाओं से बना होता है। कुंभ सूर्य-चिह्न के जातकों की कोशिकाओं में सोडियम क्लोराइड नामक लवण पाया जाता है, जो कि शरीर में पानी की मात्रा को संतुलित रखता है। रोसमेरी नामक होम्योपैथिक दवा इनके श्वसन तंत्र को ठीक रखती है। इनको तली-भुनी वस्तुएँ या जिन पदार्थों में वसा होती है, उनका प्रयोग कम करना चाहिए तथा प्रतिदिन प्रातः उठकर शहद व नींबू का रस लेना चाहिए। फल इत्यादि में सेब का प्रयोग लाभदायक है। इसके अतिरिक्त दूध की बनी वस्तुएँ, दही या पनीर का योग स्वस्थ जीवन के लिए अनिवार्य है।

ऋणात्मक गुण : इस सूर्य-चिह्न के जातकों को अपने आपको नियंत्रित अवस्थाओं से बाहर रखना चाहिए। अधिक नियंत्रण अपने ऊपर लगाना इनके लिए उन्नति में बाधक है। मंद गति में जीवन को लेने से प्रायः ये लोग आलसी हो जाते हैं। इन्हें चाहिए कि जीवन को गतिमान व क्रियाशील

बनाएँ। अधिक चिंताशील व निराशावादी होना भी बाधक है। इसके अतिरिक्त इनको एक और क्षेत्र में सुधार की आवश्यकता होती है कि ये जिन लोगों को नहीं चाहते हैं, उनसे घृणा सी करने लगते हैं या उनके प्रति बहुत कठोर व्यवहार करते हैं, ऐसा करना लाभदायक नहीं है।

भाग्यशाली दिन : हर जातक के लिए कुछ दिन अच्छे और कुछ दिन खराब होते हैं। कुंभ सूर्य-चिह्न जातकों के लिए मंगलवार व शुक्रवार भाग्यशाली दिन हैं और बुध व रविवार को कोई कार्य नहीं करना चाहिए।

भाग्यशाली रंग : प्रायः इन जातकों को पीला, लाल, सफेद तथा क्रीम रंग के कपड़ों का प्रयोग करना चाहिए। घर की दीवारों पर भी इन रंगों का प्रयोग करना चाहिए, जबकि नारंगी, हरा व नीला रंग वर्जित है।

भाग्यशाली अंक : 2, 3, 7 व 9 भाग्यशाली अंक हैं तथा अंक 1, 4 व 5 का प्रयोग वर्जित है।

भाग्यशाली रत्न : नीलम व मूँगा इस सूर्य-चिह्न के जातकों के लिए शुभ रत्न है।

कुंभ राशि (20 जनवरी से 18 फरवरी तक) के कुछ प्रमुख व्यक्तित्व

क्रांतिकारी/राजनेता : सरोजनी नायडू, सुभाषचंद्र बोस, बालासाहेब ठाकरे, डॉ. जाकिर हुसैन, मदनलाल ढींगरा, अब्राहम लिंकन, फ्रैंकलिन, रूजवेल्ट, सर अलेक्जेंडर कनिंगघम।

दार्शनिक एवं आध्यात्मिक : रामकृष्ण परमहंस, दयानंद सरस्वती।

खिलाड़ी : मुहम्मद अजहरुद्दीन, ग्लेन मैकग्रा, क्रिस्टियानो रोनाल्डो, माइकल जॉर्डन।

उद्यमी : पॉल एलन।

लेखक/कलाकार : वहीदा रहमान, मधुबाला, ओपरा विनेफ्रे, विष्णु प्रभाकर, जयशंकर प्रसाद।

वैज्ञानिक : चार्ल्स डार्विन, थॉमस अल्वा एडीसन, गैलिलियो गैलीली।

□

मीन

(19 फरवरी से 20 मार्च)

सायन व्यवस्था के अनुसार सूर्य 19 फरवरी को मीन राशि में प्रवेश करता है और 20 मार्च तक इस राशि में रहता है। अतः जिस जातक का इस माह में जन्म होता है, उसका सूर्य सिह्न मीन होता है। प्रायः मीन राशि को दो मछलियों द्वारा दरशाया जाता है। एक का मुख उत्तर को व एक का दक्षिण को होता है। प्रायः इनको धर्म, मोक्ष व स्वर्ग का चिह्न कहा जाता है। इस चिह्न का स्वामी बृहस्पति ग्रह है।

चारित्रिक विशेषताएँ : ऐसे जातक दार्शनिक व कल्पनाशील होते हैं। ये लोग बड़े भावुक, हृदय से बड़े कोमल होते हैं। ये लोग किसी भी स्थिति में अपने को ढाल सकते हैं। इनकी कमजोरी कहिए या खूबी कि ये सबसे प्रेम करना चाहते हैं और सबसे प्रेम की चाह भी रखते हैं। अत्यधिक संवेदनशील होने के बावजूद भी ये अपने आपको किसी भी समस्या से दूर रखते हैं (यद्यपि उसका आभास तो इन्हें रहता ही है), जब तक कि वह इनके सिर पर पड़ ही न जाए। इसके बावजूद भी ये लोग दूसरों की परेशानी व कठिनाई के समय में उनकी सहायता करने से नहीं हिचकिचाते हैं। इस बात को इस तरह समझा जा सकता है कि यदि इनके पास जाड़े के समय केवल दो ही स्वेटर हैं और यदि कोई आदमी इनसे एक स्वेटर माँग लेता है, तो ये उसे मना करने की बजाय एक स्वेटर दे

देंगे व अपना एक ही स्वेटर से काम चलाएँगे। यदि किसी कार्य को करने के बाद इनको प्रशंसा न मिले, तो ये दुःखी भी हो जाते हैं और इस तरह लोगों की आलोचना का शिकार बन जाते हैं। अधिक कल्पनाशील होने के कारण ये लोग वास्तविकता से परे होते हैं और वास्तविकता का सामना करने के लिए नशीली दवाओं का सहारा लेते हैं। इनमें से कई लोग, जिन्हें इन दवाओं के बुरे प्रभाव का अनुमान होता है, वे इनको छूते भी नहीं हैं, पर बड़े निराशावादी हो जाते हैं। ये लोग बद्धिमान व खोजी प्रवृत्ति के होते हैं, पर अपने कल्पना के महल में विचरण में अधिक समय खो देते हैं। सौंदर्य प्रेमी होने की वजह से इन्हें कला से संबंधित व्यवसाय अच्छा लगता है। कुछ क्षेत्रों में ये लोग गुप्त प्रवृत्ति के होते हैं। यदि इन्हें लगता है कि उस क्षेत्र में ये लोग आलोचना के पात्र बन सकते हैं, तो ये दूसरों की परेशानी में हस्तक्षेप नहीं करते हैं, पर यदि इनसे सहायता माँगी जाए, तो ये पीछे भी नहीं हटते हैं। ये लोग लड़ाई-झगड़े में बीच-बचाव का कार्य अच्छा कर सकते हैं। इनकी अत्यधिक उदारता ही इनकी उन्नति में बाधक होती है। ये लोग दूसरे व अपने लिए एक पहेली बने रहते हैं। दूसरों पर अत्यधिक विश्वास के कारण ये लोग प्रायः धोखा खाते हैं।

धन अवस्था : ये ऐसे व्यवसायों में रुचि रखते हैं, जो या तो कल्पना प्रधान हो या गतिमान। ये लोग अपने धन को बड़ी सावधानी से व्यय करते हैं और ऐसी योजना में लगाते हैं, जिससे इन्हें बुढ़ापे में सहायता मिले। प्रायः इन लोगों का धन दूसरों के पास फँसा रहता है। उदार प्रवृत्ति के कारण ये लोगों को धन उधार देते हैं, पर वे लोग वापस कम ही करते हैं। प्रायः इनकी धन स्थिति में उतार-चढ़ाव आता रहता है, फिर भी ये लोग विभिन्न व्यवसायों से धनोपार्जन करते हैं।

घरेलू व वैवाहिक जीवन : अच्छे जीवन के लिए प्रायः ये लोग अच्छे व खूबसूरत जीवनसाथी की तलाश में रहते हैं। इनकी मन-ही-मन यह भी इच्छा रहती है कि जीवनसाथी बुद्धिजीवी व कलाप्रेमी हो। ये लोग शक्की प्रवृत्ति के होते हैं। इनके जीवनसाथी को चाहिए कि वे अपना सच्चा प्रेम जताकर इनके साथ सामंजस्य रखे और इनको गलत न समझे। इन्हें ऐसे

जीवनसाथी को चुनना चाहिए, जो अधिक बातें न करता हो और सभी लोगों के साथ स्वतंत्र न हो। प्रकृति से ये लोग दयालु, संवेदनशील व आज्ञाकारी होते हैं, पर साथ-ही-साथ मूडी प्रवृत्ति के भी होते हैं। जीवन भर इन लोगों का रोमांस की तरफ झुकाव अधिक रहता है। ये लोग अपने बच्चों को बहुत प्यार करते हैं। इनके बच्चे प्रायः बुद्धिमान व सफल होते हैं। ये बच्चे अच्छे कलाकार भी बन सकते हैं। मीन, सूर्य-चिह्नवाले जातक किसी से भी अपने दुःखों को सुनाने से नहीं चूकते। इनके अतिथियों को इनके दुःखों को सुनना ही पड़ता है। ज्योतिषी से इन्हें सलाह लेते हुए अधिकतर देखा गया है, ताकि वे इन्हें सांत्वना दे सकें। ये लोग सबकी तरह अच्छा घरेलू जीवन चाहते हैं, पर इतना सफल नहीं हो पाते हैं।

व्यवसाय : अत्यधिक उदारपन व दूसरे की सेवा की इच्छा इन्हें ऐसे व्यवसायों की ओर ले जाती है, जिसमें जनहित हो। वास्तव में ये लोग यह सोचते हैं कि यदि ये दूसरों के लिए कुछ करेंगे नहीं, तो अपने जीवन का उद्‌देश्य पूरा नहीं कर पाएँगे। ये लोग अस्पताल, जेल इत्यादि में भी कार्य करते देखे गए हैं। सफल तंत्रशास्त्री व ज्योतिषी भी इसी वर्ग में आते हैं। प्रायः सिने व संगीत कलाकारों का सूर्य-चिह्न मीन ही पाया जाता है। इसके अतिरिक्त अच्छे लेखक, राजनीतिज्ञ, संवाददाता या कोई ऐसा व्यवसाय, जिसका किसी द्रव से संबंध हो, इसी वर्ग में आते हैं।

स्वास्थ्य : प्रायः मीन सूर्य-चिह्न के जातकों को पेट व आँत संबंधी रोग रहते हैं। इनके अतिरिक्त पाँव, छोटी आँत व पिट्‌यूटरी ग्रंथि संबंधी भी रोग होते हैं। फेफड़ों व पाँव में दर्द आम बात है। ये प्रायः भारी शरीर के होते हैं, जिससे इन्हें तरह-तरह की बीमारियाँ हो सकती हैं तथा इन्हें दिमागी परेशानियाँ भी रहती हैं। इन सब रोगों से बचने के लिए इन्हें जड़ी-बूटियों से बनी दवाओं का प्रयोग करना चाहिए तथा व्यायामों में नृत्य, तैरना तथा कोई ऐसा व्यायाम, जिसको संगीत या तरंग के साथ किया जाता हो, लाभप्रद है। इनमें एक बात और विशेष होती है कि ये लोग तनावमुक्त भी बहुत शीघ्र ही हो जाते हैं। ध्यान इन लोगों के लिए बहुत लाभप्रद सिद्ध होता है।

मित्रता : जैसा कि पहले बताया जा चुका है कि ये लोग प्रकृति से उदार व दयालु होते हैं, इसलिए इनके मित्रों की संख्या अधिक होती है। दूसरा इनका व्यक्तित्व चुंबकीय होने के कारण अधिक मित्र होने में सहायक होता है। विरला ही कोई व्यक्ति होगा, जो इनसे प्रभावित न हो। परंतु मित्र लोग इनका भरपूर लाभ उठाते हैं, क्योंकि ये लोग समय पड़ने पर अपनी समस्याओं को छोड़कर दूसरों की सहायता में लग जाते हैं। इनमें कुछ मित्र धोखेबाज भी होते हैं। अत: इन लोगों को चाहिए कि अपने मित्रों से सबकुछ बातों को खोलकर न कहें। दूसरों पर विश्वास करना ही इनका सबसे बड़ा दुश्मन है। प्राय: इन लोगों को कुंभ सूर्य चिह्नवाले जातकों से सावधान रहना चाहिए।

आहार : मीन सूर्य-चिह्न के जातक के शरीर की कोशिकाओं में लोहे का फास्फेट के रूप में लवण पाया जाता है। यह लवण वातावरण से ऑक्सीजन को सोखकर रक्त को दे देता है, जिससे कि जातक स्वस्थ बना रहे। इनको ऐसे भोजन का प्रयोग करना चाहिए, जिसमें लोहे की मात्रा अधिक हो। जैसे हरी सब्जी, फल, बादाम, खीरा, तरबूज आदि।

ऋणात्मक गुण : हरेक जाति में कुछ-न-कुछ अवगुण होते हैं। इस सूर्य-चिह्न के जातक को अपने बदलते मूड से अधिक चिंतित नहीं होना चाहिए, यह तो स्वभाव ही है। अत्यधिक उदारतावादी प्रवृत्ति पर रोक लगानी चाहिए। उसी जातक की सहायता करें, जिसको आवश्यकता हो। दूसरों के वादों पर कम विश्वास करना चाहिए। अत्यधिक कल्पनाशील होना भी इन लोगों के लिए हानिकर होता है, क्योंकि ये अधिकतर कल्पना में ही खोए रहते हैं और क्रियाशील नहीं रहते। जो जातक इन सबको ठीक कर लेता है, वह जीवन में सफलता पाता है।

भाग्यशाली दिन : इन जातकों के लिए बृहस्पतिवार, मंगलवार व रविवार भाग्यशाली दिन हैं, जबकि सोम व शनिवार वर्जित दिन है। बाकी सब दिन सम हैं।

भाग्यशाली रंग : इन जातकों को लाल, पीला, क्रीम, गुलाबी व

नारंगी रंग का प्रयोग करना चाहिए।

भाग्यशाली अंक : 1, 3, 4 व 9 भाग्यशाली अंक हैं, अंक 2, 5 व 6 का प्रयोग वर्जित है।

भाग्यशाली रत्न : पुखराज इन जातकों का भाग्यशाली रत्न कहा जा सकता है।

मीन राशि (19 फरवरी से 20 मार्च तक) के कुछ प्रमुख व्यक्तित्व

क्रांतिकारी/राजनेता : मोरारजी देसाई, जयललिता, जॉर्ज वॉशिंगटन।

दार्शनिक एवं आध्यात्मिक : आर्थर शोपेनहावर।

खिलाड़ी : विव रिचर्ड्स, शाहिद अफरीदी।

उद्यमी : जमशेदाजी टाटा, स्टीव जॉब्स, रुपर्ट मर्डोक।

लेखक/कलाकार : अमीर खान, ब्रूस विलिस, रिहाना, माइकल एंजेलो, सुभद्रा कुमारी चौहान।

वैज्ञानिक : अल्बर्ट आइंस्टाइन, अलेक्जेंडर ग्राहम बेल, निकोलस कॉपरनिकस, यूरी गागरिन।

□

अपनी पहचान
विशेषांक
द्वारा

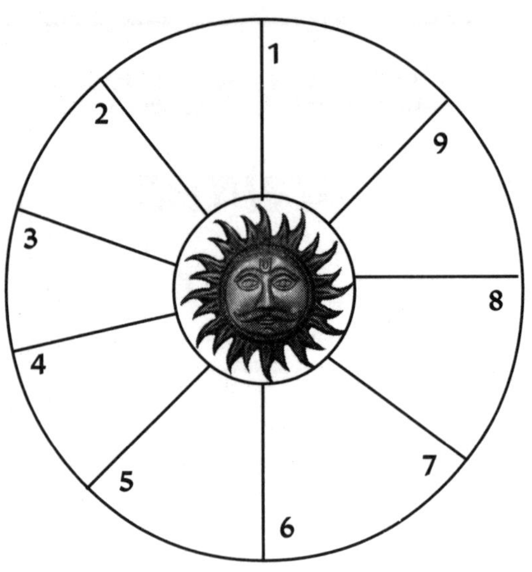
1
2
3
4
5
6
7
8
9

अंक विज्ञान एक परिचय

अंक विज्ञान भी शायद उतना ही पुराना है, जितना कि ज्योतिष विज्ञान। आर्य व ग्रीक समुदाय में भी इस विज्ञान के प्रचलन के प्रमाण मिलते हैं, जिनका उद्‌देश्य केवल संख्याबोध मात्र ही नहीं था, वरन् उससे अधिक कुछ और भी था। वैज्ञानिक आधार पर, रसायन शास्त्र के अनुसार, जब दो या दो से अधिक तत्त्वों का मिश्रण होता है, तो उसका उत्पाद एक अलग तत्त्व बन जाता है तथा जिसका चरित्र मूल तत्त्वों से अलग होता है। उसी तरह दो या दो से अधिक संख्याओं के सम्मिश्रण से एक प्रक्रिया होती है तथा परिमाणित अंक का चरित्र उतना ही होता है।

अंक न होते, तो वैज्ञानिक दूरियों का परिमाण किससे करते? क्या कैप्लर, न्यूटन जैसे वैज्ञानिक खगोल शास्त्र को यह रूप दे सकते? शायद नहीं। अंकों की चमत्कारी शक्ति के कारण ही आज भी लोग अंक विज्ञान को मूल रूप में जानना चाहते हैं।

उपयोग में लाए जानेवाले अंक नौ ही हैं अर्थात् 1, 2, 3, 4, 5, 6, 7, 8, 9 हैं। इनके आपस में मेल-मिलाप से जो प्रक्रिया होती है, उससे मानव जीवन प्रभावित होता है। अंक विज्ञान को ज्योतिष के साथ भी जोड़ा गया है, इसलिए प्रत्येक अंक को एक ग्रह दिया गया है, जो उसका स्वामी होता है। उसका विवरण निम्न है :

अंक	ग्रह (स्वामी)
1	सूर्य
2	चंद्रमा
3	बृहस्पति
4	सूर्य
5	बुध
6	शुक्र
7	चंद्रमा
8	शनि
9	मंगल

राशियों के आधार पर अंकों को निम्न रूप में निरूपित किया जा सकता है—

राशि	स्वामी	अंक
मेष	मंगल	9
वृषभ	शुक्र	6
मिथुन	बुध	5
कर्क	चंद्र	2/7
सिंह	सूर्य	1/4
कन्या	बुध	5
तुला	शुक्र	6
वृश्चिक	मंगल	9
धनु	बृह.	3
मकर	शनि	8
कुंभ	शनि	8
मीन	बृह.	3

दूसरे क्रम में प्रत्येक अंग्रेजी शब्द को भी अंक से दरशाया जा सकता है, जो 'काबला' विधि पर आधारित है—

अंक	1	2	3	4	5	6	7	8
	A	B	C	D	E	U	O	F
	I	K	G	M	H	V	Z	P
	Q	R	L	T	N	W		
	J		S		X			
	Y							

यह स्पष्ट है कि अंक 1 व 2 के होने से अन्य अंकों का प्रादुर्भाव होता है। विवरण निम्न है—

अंक		स्थिति
1	—	स्वतंत्र
2	—	स्वतंत्र
3	—	1+2
4	—	1+3 व 2+2
5	—	1+4 व 2+3
6	—	1+5 व 2+4
7	—	1+6 व 2+5
8	—	1+7 व 2+6
9	—	1+8 व 2+7

अत: यह स्पष्ट है कि 1 व 2 के सहयोग से ही अन्य अंकों का जन्म हुआ है। ज्योतिष विवेचना के आधार पर सूर्य (1) व चंद्र (2) ग्रहों का जब अन्य ग्रहों से संयोग होता है, तो परिणामित फल भिन्न होता है, जिसका मानव जीवन पर प्रभाव पड़ता है।

अंकों का दिनों के साथ भी संबंध है। प्रत्येक अंक एक दिन विशेष का द्योतक है।

दिन	अंक
रवि	1, 4
सोम	2, 7
मंगल	9
बुध	5
बृहस्पति	3
शुक्र	6
शनि	8

पाठकों ने यह अनुभव किया होगा कि अमुक व्यक्ति के साथ उनकी बनती नहीं या अमुक के साथ गहन मित्रता है। इसका आधार अंक विज्ञान के आधार पर जन्मांक, नामांक व विशेषांक (जिसका वर्णन आगे दिया गया है) का आपसी संबंध है। यदि ये संबंध मित्रतापूर्ण हैं तो संबंध सौहार्दपूर्ण बने रहते हैं, अन्यथा नहीं।

मित्रता सारणी निम्न है :

अंक	मित्रता
1, 4	2, 3, 7, 9
2, 7	1, 4, 5
3	1, 2, 4, 7, 9
5	1, 4, 6
6	5, 8
8	5, 6
9	1, 2, 3, 4, 7

प्रत्येक अंक का अपना स्वभाव होता है, इसी कारण व्यक्ति विभिन्न स्वभाववाले होते हैं। प्राय: यह देखा जाता है कि कुछ लोगों से मित्रता का भाव उत्पन्न होता है, पर अन्य लोगों से ऐसा भाव नहीं होता है। यह एक अंक के दूसरे अंक के प्रति आकर्षण के कारण होता है।

प्रत्येक अंक का निम्न रूप में परिचय दिया गया है—

1. चारित्रिक विशेषताएँ
2. आर्थिक स्थिति
3. व्यवसाय
4. पारिवारिक जीवन
5. स्वास्थ्य
6. मित्रता
7. ऋणात्मक गुण
8. भाग्यशाली दिन
9. भाग्यशाली रत्न
10. भाग्यशाली रंग
11. भाग्यशाली मंत्र

□

अंक 1

(1, 10, 19, 28)

चारित्रिक विशेषताएँ : इसका स्वामी सूर्य होता है। यह ग्रह अपने आपमें इतनी शक्ति रखता है कि जब चमकता है तो प्रकाश होता है, अन्यथा अंधकार। इस अंक का जातक स्वतंत्र रूप से कार्य करनेवाले, घमंडी तथा साहसी होते हैं। ये लोग अधिकतर नियंत्रक की भूमिका में रहते हैं। नियंत्रण करने पर विश्वास रखते हैं, नियंत्रण कराने पर नहीं। इसलिए इन जातकों को नियंत्रण में रखना सबके बस की बात नहीं होती है। ऐसे लोग ऊर्जा से परिपूर्ण रहते हैं तथा किसी भी कार्य को करने की इच्छा तभी रखते हैं, जब इन्हें उसका मान मिले। इनकी इच्छाशक्ति बहुत मजबूत होती है तथा इसी गुण के कारण ये समाज में जाने जाते हैं। यदि इनकी बात नहीं मानी जाती, तो क्रोधित भी हो जाते हैं। फलस्वरूप, आम लोगों से संबंध भी खराब हो जाते हैं, जिससे इनके कारोबार व पारिवारिक जीवन में भी आँच आ जाती है। किसी बाहरी व्यक्ति का हस्तक्षेप इन्हें नहीं सुहाता है। इनको अपने कार्य की दिशा का ज्ञान होता है कि ये क्या करना चाहते हैं। इनके लिखने की क्षमता बोलने से कहीं अधिक होती है। ये लोग किसी भी परंपरा, यदि इन्हें अच्छी न लगे, उसे तोड़ने में या उसके खिलाफ आवाज उठाने में हिचकिचाते नहीं हैं।

आर्थिक स्थिति : साधारणतया इनकी आर्थिक अवस्था सम ही रहती है, परंतु यदि गरीबी में दिन कट रहे हों, तो किसी के सम्मुख हाथ नहीं फैलाते हैं। मन-ही-मन लोगों की मदद करने की इच्छा इनमें रहती है। प्राय: 43 वर्ष के पश्चात् ही इन लोगों की आर्थिक स्थिति में सुधार आता है। समाज में अपना अस्तित्व बनाने के लिए यदि इन्हें उधार लेकर भी दूसरे की मदद करनी पड़े, तो ये चूकते नहीं हैं।

व्यवसाय : स्वाभाविक रूप से नेतृत्व करने की इच्छा होने से इन लोगों का व्यवसाय अधिकतर स्वतंत्र रूप का ही होता है। किसी तरह से अपने आपको स्थापित कर अलग कर लेते हैं। नेता, अभिनेता, इंजीनियर तथा डॉक्टर आदि इसी श्रेणी में आते हैं। यहाँ यह बता देना आवश्यक है कि किसी भी समुदाय में, चाहे वह इंजीनियर हो अथवा डॉक्टर या अन्य, ये अपनी नेतृत्व क्षमता के कारण आगे ही रहते हैं।

पारिवारिक जीवन : इस अंक के जातकों को साधारणतया अपने जीवनसाथी के चयन में परेशानी रहती है, इसलिए एक-दो रिश्ते छोड़ने के पश्चात् ही इनका विवाह होता है। तत्पश्चात् यदि जीवनसाथी इनकी बात मान ले तो ठीक है, अन्यथा विवाद होने में देरी नहीं लगती है। अपने व्यक्तित्व के आगे ये अपने जीवनसाथी की उन्नति को आराम से गले नहीं उतारते हैं। पारिवारिक जीवन में समाज की परंपराओं को निभाने के हकदार रहते हैं। इनकी संतानें इनके वश में होती हैं तथा इनसे प्रभावित होती हैं। ये किसी भी परेशानी का धैर्य से सामना करते हैं और पति-पत्नी के मध्य किसी तनाव को अपने तक ही सीमित रखते हैं।

स्वास्थ्य : इस अंक का स्वामी सूर्य होने के कारण प्राय: सिर में दर्द की शिकायत बनी रहती है। आँत तथा हृदय रोग से भी ये लोग पीड़ित रहते हैं।

मित्रता : इस अंक के जातकों की मित्रता 2, 4 व 7 अंक के जातकों से होती है। इनको 8 अंक के जातकों से बचकर रहना चाहिए, पता नहीं कब धोखा खा जाएँ।

ऋणात्मक गुण : अपने आपको सर्वोच्च समझना और दूसरे की भावनाओं की कदर नहीं करना इनका सबसे बड़ा ऋणात्मक गुण है तथा अपने समक्ष किसी की बात को महत्त्व नहीं देना भी अच्छे व्यक्तित्व का संकेत नहीं माना जा सकता है।

भाग्यशाली दिन : रवि, सोम व बृहस्पति शुभ दिन कहे जा सकते हैं, बुधवार सम है, जबकि शुक्रवार व शनिवार बाधित दिन हैं।

भाग्यशाली रंग : इन जातकों का भाग्यशाली रंग क्रीम व सफेद होता

है। अधिक गहरे रंग के प्रयोग से बचे रहें।

भाग्यशाली रत्न : माणिक या मोती भाग्यशाली रत्न कहे जा सकते हैं।

भाग्यशाली मंत्र : इन जातकों के लिए मूल मंत्र है—

'ॐ घृणि सूर्यादित्यः'

'ॐ सूं सूर्याय नमः'

अंक-1

1, 10, 19 व 28 जन्मतिथि वाले कुछ प्रमुख व्यक्ति

हरिप्रसाद चौरसिया	01 जुलाई
पुरुषोत्तम दास टंडन	01 अगस्त
वराहागिरी वेंकट गिरी	10 अगस्त
गोविंद बल्लभ पंत	10 सितंबर
निकोलस कॉपरनिक्स	19 फरवरी
ऑन्ग सॉन्ग सू की	19 जनवरी
शंकर दयाल शर्मा	19 अगस्त
सुधा मूर्ति	19 अगस्त
एस. चंद्रशेखर	19 अक्तूबर
लक्ष्मीबाई	19 नवंबर
लाला लाजपत राय	28 जनवरी
भगत सिंह	28 सितंबर
लता मंगेश्कर	28 सितंबर
भगिनी निवेदिता	28 अक्तूबर
बिल गेट्स	28 अक्तूबर
इंदिरा नुई	28 अक्तूबर

□

अंक 2

(2, 11, 20, 29)

चारित्रिक विशेषताएँ : इस अंक का स्वामी चंद्रमा होता है। यह अंक द्विस्वभावी है अर्थात् इसमें दोनों लिंगों का समावेश है अर्थात् दो अंकवाली महिलाओं में पुरुष गुण पाए जाते हैं अर्थात् ये महिलाएँ सशक्त व्यक्तित्ववाली होती हैं, जबकि पुरुष शांत स्वभाववाले संवेदनशील तथा कल्पनाशील होते हैं, ऐसे लोग प्रतिभाशाली, उन्नति करनेवाले अर्थात् आगे बढ़नेवाले होते हैं। यद्यपि ये लोग अपनी भावनाओं का प्रदर्शन खुलेआम नहीं करते, पर अंदर-ही-अंदर ये अपने को किसी से कम नहीं समझते हैं। यदि इनके स्वाभिमान को ठेस पहुँचती है, तो इनको बहुत निराशा होती है। कल्पनाशीलता के ये धनी होते हैं, तभी अच्छे योजनाविद्, कलाकार या अनुसंधानकर्ता के रूप में सफल होते हैं। यदि कुंडली में चंद्रमा नीच हो अथवा मस्तिष्क रेखा चंद्र पर्वत की ओर जा रही हो, तो ये कल्पनाशीलता पागलपन में बदल सकती है, जिससे इनके मस्तिष्क में अशांति बनी रहती है।

ये लोग द्विस्वभावी होने के कारण निर्णय लेने में सकुचाते हैं। स्थान परिवर्तन को ये लोग पसंद करते हैं। प्राय: देशाटन इनको अच्छा लगता है। ये जातक दोहरी प्रवृत्ति के होते हैं अर्थात् व्यवसाय व पारिवारिक जिंदगी में अलग-अलग रूप में पाए जाते हैं। यदि घर में आलसी कहे जाते हैं, तो व्यवसाय में स्फूर्तिवाले। सौंदर्य प्रसाधन में अधिक रुचि होती है, चाहे पुरुष हो या स्त्री।

आर्थिक स्थिति : इस अंक के जातकों की आर्थिक अवस्था चंद्रमा की कलाओं की तरह परिवर्तित होती रहती है। किसी-न-किसी तरह से ये लोग अपनी धन स्थिति को व्यवस्थित करते हैं। दिमागी परिवर्तनशीलता के कारण

अपना धन अलग-अलग योजनाओं में लगाने के कारण इनको हानि होने की संभावना होती है, जिसका इनको ध्यान रखना चाहिए।

व्यवसाय : अच्छी कल्पनाशीलता तथा विचारशीलता होने के कारण इन लोगों को एक अच्छे योजनाविद् के रूप में देखा जा सकता है। इंजीनियर, डॉक्टर, संगीतकार, कलाकार तथा लेखक इत्यादि इस अंक के जातक होते हैं। अस्थिर दिमाग होने के कारण इनको किसी कार्य में बाँधना संभव नहीं होता है, फिर भी इनके प्रबंधक को चाहिए कि इनके धनात्मक गुणों का लाभ उठाकर अपना कार्य करें। प्राय: जल के किनारे स्थित स्थानों में व्यवसाय करने से लाभ होता है। विदेश गमन भी इस अंक के जातकों का होता है।

पारिवारिक जीवन : ऐसे लोगों का पारिवारिक जीवन मध्यम स्तर का ही कहा जा सकता है। ये लोग अपने घर को सुंदर रखना चाहते हैं, प्राय: हलके रंगों का प्रयोग पसंद करते हैं। सहृदयता घने पारिवारिक जीवन की कुंजी होती है। इस अंक की महिलाएँ चाहती हैं कि उनका पति उनसे अधिक गुणवान् हो, अन्यथा आपसी मतभेद की संभावना से इनकार नहीं किया जा सकता है। प्राय: बच्चों की अपेक्षा पति की ओर इनका ध्यान अधिक रहता है।

स्वास्थ्य : इन लोगों को स्वास्थ्य के प्रति सावधान रहने की आवश्यकता होती है। कुछ-न-कुछ बीमारियों से ये परेशान रहते हैं। यदि ये अपनी बीमारियों का विश्लेषण करें, तो यह पाएँगे कि आधी से अधिक समस्याओं का उत्तरदायित्व इनके मस्तिष्क का है। अत: यह आवश्यक है कि स्थिर मन व दिमाग के लिए प्राणायाम व अन्य यौगिक अभ्यास करें। अधिक रक्तचाप, हृदयरोग अन्यथा अन्य रक्त संबंधी विकारों से ग्रसित इन जातकों को पाया जाता है।

मित्रता : इनको किसी अनजान व्यक्ति से मित्रता करने में कोई परेशानी नहीं होती, परंतु गहन मित्रता उसी व्यक्ति से करते हैं, जो इनके गुणों से मेल खानेवाला हो। अस्थिर गुणवाले जातक होने के कारण इनको प्रेम मित्रता में हानि ही होती है अर्थात् किसी एक संबंध को स्थिर स्वरूप नहीं दे पाते हैं।

ऋणात्मक गुण : अंतर्मुखी स्वभाव होने के कारण ये अपनी भावनाएँ

अभिव्यक्त नहीं कर पाते, जिससे कई बीमारियाँ हो जाती हैं। अस्थिर मन के कारण निर्णय लेने में परेशानी होती है। जैसा कि ऊपर बताया जा चुका है कि इनको प्राणायाम व यौगिक अभ्यास आवश्यक है।

भाग्यशाली दिन : रवि, सोम व बुध भाग्यशाली दिन कहे जा सकते हैं, जबकि मंगल, बृहस्पति, शुक्र तथा शनिवार सम दिन हैं।

भाग्यशाली रत्न : मोती इनका शुभ रत्न है, जबकि माणिक व पन्ना भी धारण कर सकते हैं।

भाग्यशाली रंग : सफेद व क्रीम रंग का प्रयोग लाभदायक है।

भाग्यशाली मंत्र : ॐ चं चंद्राय: नमः।

अंक–2

2, 11, 20 व 29 जन्मतिथि वाले कुछ प्रमुख व्यक्ति

जैनेंद्र कुमार	02 जनवरी
खुशवंत सिंह	02 फरवरी
सत्यजीत राय	02 मई
महात्मा गांधी	02 अक्तूबर
लाल बहादुर शास्त्री	02 अक्तूबर
राहुल द्रविड़	11 जनवरी
ज्योतिराव फुले	11 अप्रैल
कस्तूरबा गांधी	11 अप्रैल
विनोबा भावे	11 सितंबर
जयप्रकाश नारायण	11 अक्तूबर
नानाजी देशमुख	11 अक्तूबर
जे.बी. कृपलानी	11 नवंबर
राजीव गांधी	20 अगस्त
एन. आर. नारायण मूर्ति	20 अगस्त
मोरारजी देसाई	29 फरवरी
एयर मार्शल के.सी. करियप्पा	29 दिसंबर

□

अंक 3

(3, 12, 21, 30)

चारित्रिक विशेषताएँ : इस अंक का स्वामी बृहस्पति ग्रह है। इस अंक के जातक संतुलित व्यक्तित्त्ववाले होते हैं। इस अंक की मुख्य विशेषता इनका विकास करने की प्रवृत्ति का होना है। ये अपने आपको संकुचित वातावरण में नहीं रख सकते हैं, इसलिए इनकी रुचियाँ विभिन्न रूप की होती हैं अर्थात् यदि एक जातक इंजीनियर है, तो वह संगीत में भी रुचि रखता है, तो वही शेयर संबंधित कार्य भी करता है। इन लोगों के कार्य की गुणात्मकता अधिक होने के कारण ये दूसरों से भी वही अपेक्षा रखते हैं। ये जातक अपना जीवन-निर्वाह सहज रूप में करना चाहते हैं और साधारणतया उसमें सफल रहते हैं। नेतृत्त्वशीलता भी इनमें स्वाभाविक रूप में पाई जाती है। अत: ये नेतृत्व में अधिक विश्वास रखते हैं, अपेक्षाकृत अनुनय करने से यदि इन्हें नेतृत्व करने का अवसर नहीं दिया जाता है, तो अपनी क्षमतानुसार अन्य कार्य में लग जाते हैं।

नैतिकता, न्याय, प्रेमवर्धन इनके मूलभूत गुण हैं, जिसका निर्वाह करना ही इनके जीवन का लक्ष्य होता है, पर ये इस गुण का पालन नहीं कर पाते हैं, क्योंकि अन्य तथ्यों से सामंजस्य करते हुए इन्हें इस मौलिक गुण का त्याग करना पड़ता है। अपनी स्वतंत्रता में किसी अन्य का हस्तक्षेप इन्हें स्वीकार्य नहीं होता है। अधिक महत्त्वाकांक्षी व आत्म-सम्मानवाला होना इनकी उन्नति में बाधक साबित होता है। इस कारण ये कई लोगों से मनमुटाव भी कर लेते हैं। स्वच्छंद विचारों के होने के कारण ये अपने आपको उन्मुक्त तरीके से अभिव्यक्त करते हैं, सभी प्रकार के कार्यकलापों में भाग लेते हैं। चाहे खेलकूद हो, वाद-विवाद हो, सेमिनार हो इत्यादि। वृहद् मन होने के कारण

ये किसी भी बात को अपने गले नहीं लगाते हैं। यदि किसी ने कुछ अपराध भी किया है, तो उसे क्षमा कर देते हैं। कुल मिलाकर इस अंक के जातक वृहद् हृदय, स्वच्छंद, विचारशील, गुणवान् होते हैं। हाँ, ये लोग किसी को उपदेश देने से भी नहीं चूकते हैं।

धन अवस्था : साधारणतया इन जातकों की धन अवस्था अच्छी ही कही जा सकती है। कुंडली में यदि बृहस्पति शुभ स्थान पर बैठा हो तो सोने पर सुहागा ही कहा जा सकता है। प्रायः ये लोग समाज में प्रतिष्ठित वर्ग में आते हैं तथा धन स्थिति अच्छी होने के कारण इनका आदर होता है।

व्यवसाय : व्यावसायिक रूप से ये लोग सफल ही कहे जा सकते हैं। अध्यापक, शासक, मैनेजर, राजनेता, राजनीतिज्ञ, ज्योतिष के रूप में इनको पाया जा सकता है। ये लोग जिस किसी व्यवसाय में रहते हैं, अपना एक स्थान बनाकर रहते हैं। अपने क्षेत्र में अग्रणी होने के कारण ये लोग एक सलाहकार के रूप में अच्छा कार्य करते हैं। इनके अहंकार को चोट पहुँचने से इनको बहुत परेशानी होती है। अधिक महत्त्वाकांक्षा के कारण व्यवसायी जीवन में ये बहुत प्रयोगवादी होते हैं तथा निरंतर आगे बढ़ने का ही प्रयास करते हैं।

पारिवारिक जीवन : साधारणतया इनका पारिवारिक जीवन अच्छा ही कहा जा सकता है। ये एक अच्छे जीवनसाथी व अभिभावक सिद्ध होते हैं। इनके साथ रहनेवाले इनकी बातों को महत्त्व देते हैं तथा इनका आदर करते हैं। घर में भी ये चाहते हैं कि सभी इनकी बात मानें। संतानपक्ष का सुख भी इन लोगों को प्राप्त होता है। इस अंक की महिलाएँ भी कुछ-न-कुछ व्यवसाय करना पसंद करती हैं। घर में बैठना इनको पसंद नहीं और यदि ऐसा नहीं हो पाता, तो अपने जीवनसाथी से मनमुटाव की संभावना बढ़ जाती है।

स्वास्थ्य : इस अंक के जातक अधिकतर अपने वजन से चिंतित पाए जाते हैं। अतः भोजन चयन में इनको सावधान रहना आवश्यक है। पैरों में दर्द की शिकायत भी इनको रहती है। इसके अतिरिक्त गले संबंधी विकार, बुखार इत्यादि इस अंक की बीमारियाँ हैं। इतना कहा जा सकता है कि इनकी बीमारियाँ शीघ्र ठीक भी हो जाती हैं।

मित्रता : ये लोग अच्छे मित्र सिद्ध होते हैं, यदि इनके आत्मसम्मान को सुरक्षित रखा जाए। मित्रता तो ये सभी से कर लेते हैं, पर मित्र क्षेत्र सीमित ही होता है। 1, 2, 4, 7 एवं 9 मूलांकवाले जातक इनके मित्र क्षेत्र में आते हैं। प्रेममित्र भी चुने ही होते हैं और ये चाहते हैं कि ऐसा कोई भी संबंध सीमाओं में रहकर अच्छी तरह निभाया जाए।

ऋणात्मक गुण : अत्यधिक अभिमान व अहंकार से इन लोगों को सावधान रहने की आवश्यकता होती है। कभी-कभी अपनी जेब की क्षमता से अधिक खर्च कर लेते हैं, जिससे इनकी धन अवस्था में प्रभाव पड़ता है।

भाग्यशाली दिन : रवि, सोम, बृहस्पति व शुक्रवार शुभ दिन हैं। इस दिन में ये जातक शुभ कार्य कर सकते हैं। शनिवार का दिन सम है, जबकि बुध व शुक्र वर्जित दिन हैं।

भाग्यशाली रत्न : पुखराज इनका भाग्यशाली रत्न है। इसके अतिरिक्त माणिक व मोती भी पहने जा सकते हैं। रत्न धारण करने के लिए भाग्यशाली दिन का चयन किया जा सकता है।

भाग्यशाली रंग : सफेद, पीला और लाल रंग इन जातकों के लिए शुभ रंग कहे जा सकते हैं।

भाग्यशाली मंत्र : ॐ बृं बृंहस्पतये नमः।

अंक-3

3, 12, 21 व 30 जन्मतिथि वाले कुछ प्रमुख व्यक्ति

जमशेदजी टाटा	03 मार्च
मैथिलीशरण गुप्त	03 अगस्त
राजेंद्र प्रसाद	03 दिसंबर
माता जीजाबाई	12 जनवरी
स्वामी विवेकानंद	12 जनवरी
अब्राहम लिंकन	12 फरवरी
चार्ल्स डार्विन	12 फरवरी

दयानंद सरस्वती	12 फरवरी
विक्रम साराभाई	12 अगस्त
उस्ताद बिस्मिल्लाह खान	21 मार्च
विष्णु प्रभाकर	21 जनवरी
अल्फ्रेड नोबेल	21 अक्तूबर
जयशंकर प्रसाद	30 जनवरी
वॉरेन बफेट	30 अगस्त
होमी जहाँगीर भाभा	30 अक्तूबर
जगदीशचंद्र बसु	30 नवंबर
रुडयार्ड किपलिंग	30 दिसंबर
कन्हैयालाल माणिकलाल मुंशी	30 दिसंबर

□

अंक 4

(4, 13, 22, 31)

चारित्रिक विशेषताएँ : इस मूलांक का स्वामी सूर्य होता है। इस मूलांक के जातक सावधानी बरतनेवाले, किसी विषय को गहराई से लेनेवाले होते हैं तथा जब तक किसी विषय विशेष के बारे में जान नहीं लेते, उसे छोड़ते नहीं हैं। किसी भी विरोध का डटकर सामना करते हैं। किसी भी कार्य का निर्वाह तरीके से करते हैं और कभी-कभी इस तरीके के कारण देर भी हो जाती है। इनके चित्त का पता पाना मुश्किल होता है, कभी बहुत प्रसन्न, तो कभी बहुत गंभीर। ये लोग अपने व अपने से संबंधित चाहे भोजन हो, कपड़ा हो, मित्र हो इत्यादि के बारे में बहुत चयनकारी होते हैं। यदि अपने स्तर से इनका मेल नहीं खाता, तो ये बौखला जाते हैं। इन जातकों के जीवन में परिवर्तन अचानक ही आते हैं, जिससे इनका स्तर अचानक घट-बढ़ जाता है। साधारणतया ये जातक या तो शिखर पर होते हैं या जमीन पर। शायद मध्य मार्ग इनको सुहाता नहीं है।

इनका दिमाग अधिकतर उच्च स्तर का होता है, जिससे इनके संपर्क में आनेवाले लोग प्रभावित रहते हैं। इनको किसी व्यक्ति को पहचानने में अधिक समय नहीं लगता है। सूर्य से प्रभावित होने के कारण नेतृत्व क्षमता व अधिकारी नियंत्रण करने की क्षमता भी इनमें आ जाती है।

धन अवस्था : किसी-न-किसी तरह ये लोग अपने पालन-पोषण के लिए धन जुटा लेते हैं। प्राय: धन अवस्था सामान्य से ऊपर ही रहती है। यहाँ पर यह बता देना आवश्यक है कि तुलनात्मक विश्लेषण समकक्षी के साथ किया जाता है अर्थात् यदि किसी ग्रामीण व्यक्ति का मूलांक 4 है, तो उसका तुलनात्मक अध्ययन शहर के मूलांक 4 व्यक्ति से करना युक्तिसंगत नहीं है।

व्यवसाय : यह अंक गणित से संबंधित माना गया है। अतः मूलांक के जातक गणित संबंधी व्यवसाय अर्थात् इंजीनियरिंग, कॉमर्स इत्यादि से संबंधित कार्यरत रहते हैं। ये जातक सर्वेक्षण, एस्ट्रोनॉमी इत्यादि के क्षेत्र में पाए जा सकते हैं। ये लोग किसी भी विषय का गहन अध्ययन करते हैं, इसलिए इनमें तकनीकी विशेषता अधिक पाई जाती है।

पारिवारिक जीवन : इनके किसी भी विषय के विस्तार में जानेवाले गुण के कारण इनका पारिवारिक जीवन कभी–कभी कष्ट में पड़ जाता है। यदि इनका भोजन इनके अनुसार न हो, तो शायद ये भोजन न करें। इनको ऐसा जीवन साथी चाहिए जो इनकी रुचियों व उनके अनुसार ही कार्य करें। ये लोग अच्छे पति सिद्ध होते हैं, पर सरल पिता। ये चाहते हैं कि इनकी संतान भी इन्हीं की तरह सैद्धांतिक व तरीके से कार्य करनेवाली हो और जब संतान इनके अनुरूप कार्य कर सफल होती है, तो ये गौरवान्वित होते हैं। इस अंक की माताएँ अपने पति से अधिक अपनी संतानों को प्यार करती हैं। इसी कारण यदि जीवनसाथी अनुरूप न मिले, तो आपसी कलह की संभावना रहती है।

मित्रता : ये लोग मित्रों का चयन गंभीरता से करते हैं। परम मित्रों की संख्या कम ही रहती है तथा मित्र अपने समकक्षी अथवा समवर्ती ही होते हैं। अधिकतर इनकी मित्रता अपने से बड़ी उम्र के व्यक्तियों के साथ पाई जाती है।

स्वास्थ्य : साधारणतया इनका स्वास्थ्य अच्छा ही बना रहता है और यदि कोई बीमारी हो जाए, तो उसका इलाज उसकी सतह में जाकर करते हैं तथा लापरवाही नहीं बरतते हैं। अस्थिर दिमाग के कारण इनके सिर में दर्द व मानसिक द्वंद्व बना रहता है।

ऋणात्मक गुण : अत्यधिक सावधानी व विस्तार में जाने का गुण इनको परेशानी में डाल देता है तथा उन्नति में बाधाकारक होता है। स्थिति में सामंजस्य नहीं कर पाना इनका ऋणात्मक गुण कहा जा सकता है।

भाग्यशाली दिन : रवि, सोम, बृहस्पति व मंगलवार शुभ दिन होते हैं,

शनि व शुक्रवार वर्जित हैं, जबकि बुधवार सम दिन है।

भाग्यशाली रत्न : माणिक रत्न पहनना इन जातकों के लिए शुभ है, इसके अतिरिक्त मूँगा, पुखराज व मोती भी पहना जा सकता है।

भाग्यशाली रंग : पीला, सफेद व क्रीम रंग शुभ है।

भाग्यशाली मंत्र : ॐ घृणिः सूर्याय नमः ।

अंक – 4

4, 13, 22 व 31 जन्मतिथि वाले कुछ प्रमुख व्यक्ति

माखनलाल चतुर्वेदी	04 अप्रैल
गुलजारीलाल नंदा	04 अप्रैल
श्यामजी कृष्ण वर्मा	04 अक्टूबर
भाई परमानंद	04 नवंबर
सरोजनी नायडू	13 फरवरी
श्री श्री रविशंकर	13 मई
लाला हरदयाल	13 अक्तूबर
राममोहन राय	22 मई
अशफाक उल्ला खाँ	22 अक्तूबर
दीपक चोपड़ा	22 अक्तूबर
श्रीनिवास रामानुजन	22 दिसंबर
अहिल्या बाई	31 मई
प्रेमचंद	31 जुलाई

□

अंक 5

(5, 14, 23)

चारित्रिक विशेषताएँ : इस अंक का स्वामी बुध होता है। यह ग्रह चपलता, तेजी, निरंतर परिवर्तन का द्योतक है। इस मूलांक के जातक समाज, परिवार, कार्यालय अथवा कहीं भी हों हमेशा केंद्र में बने रहते हैं अर्थात् गतिविधियाँ इनको केंद्रित करके रखती हैं। ये लोग अधिकतर प्रमुख संचालक के रूप में पाए जाते हैं। 'चापलूस' शब्द उतना उपयुक्त नहीं होगा, पर ये लोग प्रत्येक व्यक्ति से मधुर संबंध रखना चाहते हैं, जो उसकी दृष्टि में और अपनी दृष्टि में विसंगति भी हो सकती है अर्थात् अन्य लोगों को लगता है कि यह व्यक्ति मेरा मित्र है, पर ये शायद उसे अपना मित्र न समझें। इतनी बात सत्य है कि ये किसी भी व्यक्ति विशेष से निभा लेते हैं, पर इतना ध्यान रखते हैं कि जहाँ तक हो सके सभी के साथ व्यवहार एक ही तरह का हो। यहाँ पर इनको सम भाव कहा जाए तो अतिशयोक्ति नहीं होगी। इन जातकों का उपयोग किसी सभा के आयोजन अथवा किसी कार्यक्रम के संचालन के लिए किया जा सकता है, क्योंकि ये ऐसे कार्य बड़े न्यायपूर्ण ढंग से करते हैं। ये लोग नियंत्रण संबंधी कार्य में भी दक्ष होते हैं, इसलिए अच्छे नेता भी साबित होते हैं। वाक्पटुता इनका एक अतिरिक्त गुण होता है, जिससे ये किसी भी व्यक्ति या समूह को सहज ही अपने वश में कर लेते हैं। ये जातक सभी विषयों का ज्ञान लेने के इच्छुक रहते हैं, इस कारण किसी एक विषय में दक्ष नहीं हो पाते हैं, क्योंकि किसी विषय विशेष का गहराई से अध्ययन नहीं करते हैं। इन लोगों का विकास विभिन्न चरणों में होता है। बचपन में ये झगड़ालू व ढीले होते हैं, तो बड़े होते ही हरफनमौला बन जाते हैं। ऐसे जातकों के अभिभावकों को इनको भली-भाँति नियंत्रित

करना चाहिए, ताकि इनकी प्रतिभाओं का विकास हो सके, अन्यथा ये लोग निराश हो जाते हैं। खेलकूद तथा अन्य सामाजिक कार्यकलापों में भी इनकी रुचि रहती है।

धन अवस्था : इस अंक का स्वामी बुध होने के कारण इन जातकों में धन के प्रति अधिक लगाव तथा ज्ञान पाया जाता है। धन संबंधी कार्यों में सावधानी भी बरतते हैं। इनकी धन अवस्था में उतार-चढ़ाव आते रहते हैं। ये लोग शेयर बाजार तथा अन्य उपयोगों में धन लगाते रहते हैं, जिससे कभी-कभी लाभ भी प्राप्त करते हैं।

व्यवसाय : ये लोग कुशल राजनेता, व्यवसायी व वक्ता के रूप में जाने जाते हैं। प्रबंधक से जुड़े हुए व्यवसायों में इनको सफलता मिलती है। कॉमर्स, गणित, कंप्यूटर संबंधी कार्यों में इन जातकों का विशेष सम्मान होता है। संक्षिप्त में ये भाग्यशाली रहते हैं। अपने व्यवसाय में, पर स्थिरता कम ही रहती है।

पारिवारिक जीवन : इन लोगों को अपने जीवनसाथी का चयन करने में दुविधा रहती है। हालाँकि ये अच्छे पति साबित होते हैं, पर यदि इनका जीवनसाथी अधिक संवेदनशील हो, तो ये परेशानी में पड़ जाते हैं। इस अंक की महिलाएँ अधिक संतुष्ट नहीं पाई जातीं, क्योंकि उनकी सोच उन्हें परेशानी या दुविधा में रखती है। इन जातकों को चाहिए कि आपस में एक-दूसरे को समझें और उसके अनुसार अपने जीवन का प्रबंधन करें।

स्वास्थ्य : दिमाग के अधिक व तेजी से चलने से इनको मानसिक थकान हो जाती है। ये लोग अपने स्वास्थ्य के प्रति सावधान भी नहीं होते। अतः जब बीमारी हो जाती है, तब ही डॉक्टर के पास जाते हैं। जल्दी थक जाने के कारण हृदय संबंधी रोग भी इन्हें हो जाते हैं। त्वचा संबंधी अथवा साँस संबंधी विकारों से भी ये लोग ग्रसित रहते हैं। इनको चाहिए कि प्राणायाम तथा अन्य यौगिक क्रियाओं का अभ्यास करें, ताकि अनचाहे तनाव से मुक्ति हो।

मित्रता : जैसा कि बताया जा चुका है कि मित्रता करने में ये लोग कुशल होते हैं, पर किसी भी मित्रता को भावनात्मक रूप नहीं देते हैं। इन लोगों का अपना सामाजिक दायरा होता है, जिसमें ये लोग जाने जाते हैं। मित्रों के साथ सैर-सपाटा इनको प्रिय होता है। 1, 4 एवं 6 मूलांक के

जातक इनके मित्र होते हैं।

ऋणात्मक गुण : मानसिक अस्थिरता के प्रति सावधान रहना आवश्यक है। किसी भी कार्य को रास्ते में छोड़ देना, इनके व्यक्तित्व पर ऋणात्मक प्रभाव डालता है। अपनी वाक्पटुता, चपलता पर नियंत्रण रखना भी उचित है। इसके अतिरिक्त किसी विषय विशेष को सतही रूप से जानने की अपेक्षा उसकी गहराई में जाने का प्रयास करना चाहिए।

भाग्यशाली दिन : बुधवार, रविवार तथा शुक्रवार भाग्यशाली दिन कहे जा सकते हैं। बृहस्पति, शनि व मंगलवार सम दिन हैं, जबकि सोमवार बाधित है।

भाग्यशाली रंग : सफेद, हलका नीला व हरे रंग का प्रयोग शुभ कहा जा सकता है।

भाग्यशाली रत्न : पन्ना हरे रंग का शुभ रत्न है, जबकि माणिक का प्रयोग भी किया जा सकता है।

भाग्यशाली मंत्र : ॐ बुं बुधाय नमः।

अंक-5

5, 14 व 23 जन्मतिथि वाले कुछ प्रमुख व्यक्ति

सर्वपल्ली राधाकृष्ण	05 सितंबर
विद्यानिवास मिश्र	14 जनवरी
अल्बर्ट आइंस्टाइन	14 मार्च
बी.आर. अंबेडकर	14 अप्रैल
आचार्य महाप्रज्ञ	14 जून
जवाहरलाल नेहरू	14 नवंबर
बी.के.एस. आयंगर	14 दिसंबर
सुभाष चंद्र बोस	23 जनवरी
बाल गंगाधर तिलक	23 जुलाई
चंद्र शेखर आजाद	23 जुलाई

□

अंक 6

(6, 15, 24)

चारित्रिक विशेषताएँ : इस मूलांक का स्वामी शुक्र होता है। ये जातक स्वाभाविक रूप से सुखमय जीवन व्यतीत करनेवाले होते हैं। यह मूलांक चतुरता व समझदारी का होता है। ये जातक जीवन में किसी कार्य को करने के लिए रिस्क (खतरा) लेने से नहीं घबराते हैं। ये लोग खोजी प्रवृत्ति के होते हैं, क्योंकि इनके दिमाग में बड़ी-बड़ी बातें आती रहती हैं। यदि कोई सोच किसी विषय विशेष के अनुरूप हो जाती है, तो ये उसकी खोज में लग जाते हैं। अनुभव के आधार पर यह ठोस रूप में कहा जा सकता है कि इस मूलांकवाले जातकों का कला से कुछ-न-कुछ संबंध अवश्य रहता है। यह देखा गया है कि ये जातक फिल्म कलाकार, पेंटर, कला आलोचक, रेडियो कलाकार इत्यादि के रूप में कार्यरत रहते हैं, पर जब तक लक्ष्य नहीं मिल जाता है, तब तक मन में घबराहट बनी रहती है। भावनात्मक रूप से बहुत नियंत्रित होने के कारण इनके मानसिक तंत्र पर जोर पड़ता है तथा कभी-कभी स्वास्थ्य हानि भी हो जाती है। कला क्षेत्र में ये अपने आपको पूरी तरह व्यक्त नहीं कर पाते, तो अपने संग्रह द्वारा उसको व्यक्त करते हैं।

ये लोग खाने-पीने के शौकीन होते हैं तथा आराम-तलब जीवन जीने में विश्वास करते हैं। किसी वस्तु विशेष के चयन से इनका व्यक्तित्व परिलक्षित होता है। साधारण वस्तुएँ इनकी पसंद की नहीं होती हैं। इनको सौंदर्य प्रेमी कहा जाए, तो अतिश्योक्ति नहीं होगी। इसके अतिरिक्त ये लोग युद्ध व लड़ाई में विश्वास नहीं रखते, बल्कि अनुशासन प्रेमी होते हैं।

धन अवस्था : सुखमय जीवन बिताने के लिए ये लोग अपने धन के अधिक भाग को प्रयोग करते हैं। प्रायः इनकी धन अवस्था अच्छी होती है।

शेयर बाजार अथवा वित्त प्रबंध में इन लोगों की रुचि रहती है, जिससे ये लोग धन कमाते भी हैं। इस क्षेत्र में निर्णय इनको अधिकतर सफलता देता है।

व्यवसाय : वित्त प्रबंधक, कलाकार, आर्किटेक्ट तथा प्रबंधक के रूप में ये लोग सफल पाए जाते हैं। कला के क्षेत्र में इनको अधिक सफलता मिलती है। ऑफिस में बैठकर कार्य करना अच्छा लगता है। कंप्यूटर इत्यादि का समुचित ज्ञान रखने पर भी इनका विश्वास रहता है। इतना कहा जा सकता है कि व्यावसायिक क्षेत्र में ये लोग भाग्यशाली रहते हैं।

पारिवारिक जीवन : ये लोग सरलता से अपना जीवन व्यतीत करते हैं। सहृदयता तथा कोमलता इस रिश्ते का प्रतीक होती है, पर साथ–ही–साथ इनको ऐसा जीवन चाहिए, जिसमें थोड़ा जोखिम तो हो ही। अत: ऐसा जीवनसाथी उचित है, जो इनके इस भाव को समझ सके और एक उद्‌देश्यपूर्ण जीवन बिता सके। ये लोग अपनी संतानों के प्रति बहुत जागरूक रहते हैं। यदि बच्चे असफल होते हैं, तो उसे अपनी असफलता समझते हैं। अपने घर में सुख–सुविधा का हर सामान जुटाते हैं तथा उनका उपयोग करते हैं।

स्वास्थ्य : अधिक जोखिम उठाने की प्रवृत्ति के कारण ये लोग मानसिक तनाव को निमंत्रण देते हैं, जिसके कारण शारीरिक विकार की संभावनाएँ रहती हैं। खाने–पीने की अधिक रुचि के कारण इनको गैस, अपच अथवा अन्य उदर रोगों की शिकायत रहती है। इस अंक के बच्चों के स्वास्थ्य विकास का अधिक ध्यान देना चाहिए।

मित्रता : मिलनसार होने के कारण इनके अधिक मित्र होते हैं। विपरीत लिंग के मित्रों के प्रति अधिक रुचि रहती है तथा इनके गुणों से प्रभावित भी रहते हैं। स्थिर मित्रता के प्रति जागरूकता कम हो जाती है अथवा होती ही नहीं है। इतना होने पर भी ये लोग अपने अच्छे स्वभाव के कारण अपनी पहचान बनाने में सफल होते हैं, जिसके कारण अधिक प्रसिद्धि को भी प्राप्त करते हैं। मूलांक 5, 8 के जातक इनके अच्छे मित्र होते हैं।

ऋणात्मक गुण : किसी भी जोखिम को उठाने से पूर्व उसके फलों का अनुमान करना उचित है। अधिक सुखमय जीवन में नियंत्रण भी उतना ही

आवश्यक है। मदिरा आदि का सेवन उचित मात्रा में करनी चाहिए।

भाग्यशाली दिन : शुक्र, बुध व शनिवार शुभ दिन हैं। बृहस्पति व मंगलवार सम दिन हैं और अन्य दिन बाधित हैं।

भाग्यशाली रंग : हलका नीला, हरा रंग शुभ हैं, जिनका प्रयोग वस्त्रों व कमरों के रंग में किया जा सकता है।

भाग्यशाली रत्न : इस मूलांक के लिए पन्ना व हीरा शुभ रत्न हैं।

मूल मंत्र : ॐ शुं शुक्राय नमः।

अंक-6

6, 15 व 24 जन्मतिथि वाले कुछ प्रमुख व्यक्ति

डॉ. श्यामाप्रसाद मुखर्जी	06 जुलाई
मार्टिन लूथर किंग	15 जनवरी
गैलिलियो गैलीली	15 फरवरी
सतगुरु नानक देव	15 अप्रैल
अरविंदो घोष	15 अगस्त
ए.पी.जे. अब्दुल कलाम	15 अक्तूबर
बिरसा मुंडा	15 नवंबर
सचिन तेंदुलकर	24 अप्रैल
राजगुरु	24 अगस्त
डेल कार्नेगी	24 नवंबर

□

अंक 7

(7, 16, 25)

चारित्रिक विशेषताएँ : इस मूलांक का स्वामी चंद्रमा होता है। इस अंक को भाग्यशाली अंक का स्थान दिया गया है। इन जातकों में धैर्यशीलता इतनी अधिक होती है कि किसी फल की प्राप्ति के लिए वर्षों तक भी इंतजार कर लेते हैं। मन-ही-मन में अनुशासन की भावना होने के कारण ये जातक कोशिश तो करते हैं किसी अनुशासन में रहने की, पर आलस के कारण विलक्षित हो जाते हैं। इन लोगों में अहंकार नहीं होता है तथा सभी को एक समान व्यवहार के साथ रखते हैं। आम जनता में इनकी प्रसिद्धि बनी रहती है तथा अपने कार्य के कारण ये लोग जाने जाते हैं। झगड़ा-विवाद इनको पसंद नहीं आता, जबकि हमेशा मित्रता व सौहार्दपूर्ण वातावरण ही बनाने का प्रयास रहता है। विभिन्न विषयों में रुचि होने के कारण ये लोग इनका ज्ञान भी प्राप्त करते हैं, पर किसी एक विषय पर महारत प्राप्त नहीं कर पाते हैं। ये लोग घर, ऑफिस या किसी अन्य स्थान पर अपने मालिक या अधिकारी अथवा नेता के प्रति समर्पित रहते हैं, चाहे इससे इनको व्यक्तिगत लाभ न हो। इन लोगों को आत्मभाषा, अंतर्ज्ञान तथा दूसरों को पहचानने की शक्ति होती है, जिसे ये अपने जीवन में प्रयोग करते हैं। ये लोग स्पष्ट वक्ता भी होते हैं तथा दोहरेपन की नीति का विरोध करते हैं। इन लोगों को जीवन के सार, दर्शन इत्यादि के अध्ययन में रुचि रहती है। बहुप्रतिभा शाली होने के कारण इनको समझना आसान नहीं होता है। संगीत, कला, खेलकूद के प्रति स्वाभाविक रुझान होता है। समुद्र या उसके आसपास उन्नति होने की संभावना रहती है। चंद्रमा, समुद्र, झरना तथा प्राकृतिक सौंदर्य से प्रेम होने के कारण संवेदनशीलता की प्रवृत्ति बढ़ जाती

है। अपने कार्य में किसी का हस्तक्षेप नहीं चाहते हैं। ये न तो किसी की आलोचना करते हैं, न ही अपनी सुनना चाहते हैं।

धन अवस्था : इतना धन तो मिल जाता है, जिससे अपना कार्य चल जाए। 'ऋण का जीवन' भी इन लोगों का बीतता है। इतना है कि अपना कार्य होने के बाद धन वापस कर देते हैं। शेयर बाजार से लाभ नहीं होता है। भूत को भूलकर, भविष्य की कम चिंता कर वर्तमान में जीना चाहते हैं तथा उसी पर अपना धन व्यय करते हैं, पर अपनी जेब से अधिक।

व्यवसाय : इस मूलांक के जातक तकनीकी क्षेत्र, जल संसाधन, नौसेना, कला आदि क्षेत्रों में पाए जाते हैं। इसके अतिरिक्त खोज–विज्ञान में भी इनका हस्तक्षेप होता है। अच्छे दार्शनिक व पराविद्या ज्ञाता के रूप में व्यवसाय भी करते देखे गए हैं। किसी भी क्षेत्र में साधारणतया ये सफल होते हैं। आयात–निर्यात संबंधी कार्य भी इस मूलांक के जातक को सफलता दे सकते हैं।

पारिवारिक जीवन : सहृदय होने के कारण ये अपने परिवार में किसी प्रकार के कलह को नहीं चाहते हैं तथा उसको सुलझाने का सतत प्रयास करते हैं। जीवनसाथी के साथ साधारणतया मधुर संबंध होते हैं। प्रारंभ में विवाह होने में अड़चनें आती हैं, पर समापन अच्छी तरह हो जाता है। ये जातक अच्छे अभिभावक व जीवनसाथी सिद्ध होते हैं, जिससे इनकी संतानें इन पर गर्व करती हैं। सुखमय जीवन बिना परेशानी के बिताना इनका लक्ष्य होता है। अत्यधिक संवेदनशीलता से कभी–कभी इनके पारिवारिक जीवन में प्रभाव पड़ता है।

स्वास्थ्य : साधारणतया इन लोगों को उदर, हृदय तथा हड्डी संबंधी विकार रहते हैं। जीवन में कभी–न–कभी ऑपरेशन या फ्रेक्चर होता है, फिर भी ये बीमारी के प्रति इतने गंभीर नहीं होते हैं। इतना अवश्य है कि किसी भी अवस्था या उम्र में भोजन प्रबंधन का ध्यान अवश्य रखें। अति रक्तचाप की बीमारी भी इन जातकों को होती है।

मित्रता : अपने मित्रों के साथ समय बिताना इनको अच्छा लगता है, पर ये चाहते हैं कि उसमें भी किसी विषय विशेष पर चर्चा हो, खाली समय

बिताना नहीं सुहाता है। सभी के साथ एकसार व्यवहार के कारण ये लोग मित्रों के चहेते होते हैं। इनके मित्र भी इनको नहीं समझ पाते हैं। परम मित्रों की संख्या बहुत कम होती है। मूलांक 1, 2, 3, 4, 5 व 8 के जातक इनके मित्र होते हैं।

ऋणात्मक गुण : अस्थिर स्वभाव से सावधान रहने से इनका व्यक्तित्व निखर सकता है। अपने अधीनस्थ कार्य करनेवालों से अतिनिष्ठा की भावना रखना इतना उचित नहीं है। अति सहृदयता पर नियंत्रण रखना आवश्यक है।

भाग्यशाली दिन : इनके लिए प्राय: सभी दिन शुभ होते हैं, फिर भी कोई भी शुभ कार्य सोमवार व बृहस्पतिवार को करना लाभदायक होता है।

भाग्यशाली रत्न : मोती, लहसुनिया अथवा पुखराज भाग्यशाली रत्न हैं।

भाग्यशाली रंग : पीला, क्रीम और सफेद रंग शुभ माना गया है।

भाग्यशाली मंत्र : ॐ सोम सोमाय नमः ।

अंक-7

7, 16 व 25 जन्मतिथि वाले कुछ प्रमुख व्यक्ति

रवींद्रनाथ टैगोर	07 मई
चार्ली चैपलिन	16 अप्रैल
सेठ गोविंद दास	16 अक्तूबर
रस बिहारी बोस	25 मई
आइजक न्यूटन	25 दिसंबर
पं. मदन मोहन मालवीय	25 दिसंबर
अटल बिहारी वाजपेयी	25 दिसंबर
धर्मवीर भारती	25 दिसंबर

□

अंक 8

(8, 17, 26)

चारित्रिक विशेषताएँ : इस मूलांक का स्वामी शनि होता है। जिस तरह शनि शनैः-शनैः चलता है, उसी तरह इस मूलांक के जातकों की प्रगति भी शनैः-शनैः होती है। ये लोग अपने निर्णय शांत भाव से करते हैं, उसमें जल्दी नहीं करते हैं। ये अन्य व्यक्तियों पर विश्वास करते हैं तथा इन पर पूर्ण विश्वास किया जा सकता है। स्थिर स्वभाव होने के कारण ये लोग अच्छे सलाहकार के रूप में प्रतिष्ठित होते हैं। ये लोग जोखिम भरे कार्य नहीं करते हैं, इसलिए दिमागी रूप से स्वस्थ रहते हैं। इसी गुण के कारण मूलांक 6 व 8 के जातक एक-दूसरे के पूरक होते हैं। गंभीरता, चिंतन व विचारशीलता इनके व्यक्तित्व के प्रमुख लक्षण होते हैं। दूरदर्शिता, दृढ़ निश्चय व अनुशासन इनके जीवन के प्रमुख अंग हैं। प्राय: ये लोग कानूनी प्रक्रिया के अनुयायी होते हैं, पर जब कभी इनको लगता है कि किसी कानून विशेष में सुधार की आवश्यकता है, तो उसके सुधार हेतु कार्यरत हो जाते हैं।

इस मूलांक के जातक अधिक आशावादी नहीं होते हैं, इसलिए इनको सफलता के लिए इंतजार करना पड़ता है। जीवन में उतार-चढ़ाव की स्थिति रहती है। इनके कपड़े भी बहुत साधारण तथा हलके रंग के होते हैं। ये तड़क-भड़क से दूर रहने पर विश्वास रखते हैं। किसी भी स्थिति में अधिक उत्साही नहीं होते हैं तथा कोई भी निर्णय सोच-समझकर ही लेते हैं। इनकी खोजी प्रवृत्ति तथा विश्लेषण क्षमता के कारण विषय विशेष का अध्ययन पूर्ण गहराई से करते हैं तथा उसका सार जानने में सफल होते हैं। इनकी स्मृति पटल पर पुरानी घटनाओं का प्रभाव एकदम ताजा रहता है तथा उसका चित्रण

इस तरह करते हैं, जैसे वह घटना आज की ही रही हो। अधिक सामाजिकता इनके वश का कार्य नहीं है। अत: प्राय: किसी सामाजिक कार्य में पहले तो शामिल नहीं होते हैं और यदि होते भी हैं तो अलग बैठे रहते हैं। किसी भी प्रयास का परिणाम अवश्य मिलता है, पर देर के बाद। तब तक ये लोग कुंठित हो जाते हैं। अत: इनकी धैर्यशीलता अधिक होती है।

धन अवस्था : सावधानी से व्यय करने की प्रवृत्ति के कारण धन संचय कर लेते हैं, पर कड़ी मेहनत के पश्चात्। वैसे अधिक धन की लालसा भी नहीं रहती है। जीवन के अंतिम चरण में आर्थिक स्थिति में स्थिरता आती है। पैतृक संपत्ति से भी धनार्जन संभव है। इतना परम सत्य है कि आसान धन इनके भाग्य में नहीं होता है, जितना भी हो मेहनत से ही धनार्जन करना पड़ता है।

पारिवारिक जीवन : शांत व गंभीर प्रवृत्ति के कारण साधारणतया ये अपने जीवनसाथी से निश्चल होकर विचारों का आदान-प्रदान नहीं करते हैं। इनका घर एक किले की तरह होता है, जिसमें ये स्वयं को बाहरी प्रभाव से बचाकर रखना चाहते हैं। यद्यपि ये एक उदार व्यक्तित्ववाले होते हैं, फिर भी ये इस बात की अधिक चिंता नहीं करते कि बच्चों के मित्र कौन हैं और इनकी संतान कहाँ जाती हैं। यहाँ तक कि अपने जीवनसाथी के मित्रों को भी शंकालु दृष्टि से देखते हैं। इनका अकेलापन ही इनका जीवन है। जीवनसाथी को चाहिए कि इनको समझें तथा उनके ही अनुसार व्यवहार करें।

स्वास्थ्य : मूलांक स्वामी शनि होने के कारण इन जातकों को दीर्घ स्थायी बीमारी होने का खतरा रहता है। पैरों में दर्द, हड्डियों संबंधित विकार से ये जातक परेशान रहते हैं। औषधियाँ भी देर से प्रभावकारी होती हैं। मानसिक उदासी का आक्रमण इन पर रहता है, जिससे दिमाग में जोर पड़ता है।

अत: इन जातकों को यौगिक क्रियाओं द्वारा चित्त स्थिरता का अभ्यास करना चाहिए तथा भोजन इत्यादि समय से करना चाहिए।

व्यवसाय : अच्छे अनुसंधानकर्ता इसी मूलांक के व्यक्ति होते हैं। इनके लिए उचित व्यवसाय धरती से निकलनेवाली वस्तुओं जैसे खनिज, पत्थर, तेल, गैस, पानी, रत्न इत्यादि से संबंधित कार्यों से है। अधिक मेहनतवाले

कार्यों में रत भी यही जातक पाए जाते हैं। ये लोग कुशल होते हैं तथा उसमें नए-नए प्रयोग भी करते हैं। निर्माण कार्यों में इंजीनियरिंग अथवा अन्य कर्मचारी भी इसी मूलांक के होते हैं। इतना तय है कि सफलता धीरे-धीरे ही मिलती है तथा अंततः विजयश्री मिलती है। व्यावसायिक उतार-चढ़ाव इनके जीवन का एक अंग है।

मित्रता : अपने आपको सामाजिक गतिविधियों से दूर रखने के कारण इनके मित्रों की संख्या बहुत कम होती है और यदि होती भी है, तो बहुत गंभीर प्रकृतिवाली। ऐसी मित्रता का निर्वाह भी पूर्णरूपेण करते हैं तथा यदि ये मित्रता किसी कारण से टूट जाती है, तो बहुत उदास हो जाते हैं। गूलांक 3, 5, 6 के जातक इनके अच्छे मित्र हो सकते हैं।

ऋणात्मक गुण : अकेला रहने की प्रवृत्ति, आलसीपन व एकाकीपन इनकी कमजोरी कही जा सकती है। इसके अतिरिक्त शंकालु प्रवृत्ति भी इनके व्यक्तित्व को कुप्रभावित करती है।

भाग्यशाली दिन : बुध, बृहस्पति, शुक्र व शनिवार शुभ दिन हैं, जबकि अन्य दिन वर्जित हैं।

भाग्यशाली रंग : गहरे रंग जैसे हरा, नीला, भूरा, काला इस मूलांक के जातकों के अनुकूल हैं।

भाग्यशाली रत्न : पन्ना, पुखराज व नीलम का प्रयोग फलदायक है।

भाग्यशाली मंत्र : 1. ॐ शनैः शनैश्चराय नमः।

2. कोणस्थ पिंगलो वभु कृष्णो रोनेद्रयतको यमः
शौरि मंदः शनैश्चरः पिप्पलादेन संस्तुतः।

अंक-8

8, 17 व 26 जन्मतिथि वाले कुछ प्रमुख व्यक्ति

स्टीफन हॉकिंग-इंगलैंड	08 जनवरी
डॉ. जाकिर हुसैन	08 फरवरी
लुईस एल. हे	08 अक्तूबर

लालकृष्ण आडवाणी	08 नवंबर
बाबू गुलाब राय	17 जनवरी
बैंजमिन फ्रैंकलिन	17 जनवरी
वी.एस. नायपॉल	17 अगस्त
नरेंद्र मोदी	17 सितंबर
मदर टेरेसा	26 अगस्त
ईश्वर चंद्र विद्यासागर	26 सितंबर
गणेश शंकर विद्यार्थी	26 अक्तूबर

□

अंक 9

(9, 18, 27)

चारित्रिक विशेषताएँ : इस मूलांक का स्वामी मंगल होता है। ऐसा माना गया है कि जिस तरह सूर्य का अपना प्रकाश होता है, उसी तरह मंगल भी एक स्वतंत्र ग्रह है। इसलिए इस मूलांक के जातक भी स्वतंत्र तथा शासक प्रवृत्ति के होते हैं। ऊर्जा का अभाव न होने के कारण काफी मेहनत भी कर सकते हैं। अच्छे खिलाड़ी, पुलिस कर्मचारी, सेना कर्मचारियों का इस मूलांक से संबंध होता है। किसी भी कार्य में इनको हार पसंद नहीं होती। हरदम जीतना चाहते हैं चाहे उसकी प्राप्ति के लिए कितनी ही अड़चनें आएँ, उसे पार करते जाते हैं। इनका क्रोधित स्वभाव इन्हें लोकप्रिय बनाने में बाधक होता है। अभिभावकों का अधिक नियंत्रण इनको विद्रोही भी बना सकता है। अत: इन जातकों का नियंत्रण सावधानी से करना चाहिए। प्रारंभिक जीवन में परिवारवालों से अधिक लगाव नहीं होता है, इसलिए किसी कार्य के लिए उनकी अनुमति को अनिवार्य नहीं समझते हैं, पर उम्र बढ़ने के साथ-साथ परिवर्तन आ जाता है और अंतत: ये सबसे अच्छे संतान सिद्ध होते हैं। व्यवहारिक रूप में अन्य लोगों को लगता है कि ये अपने आपको उनसे वरिष्ठ समझते हैं, इस कारण अन्य जातक इनसे ईर्ष्या भी करते हैं। किसी जोखिम भरे कार्य से घबराते नहीं हैं तथा उसमें सफलता पाते हैं। इस प्रवृत्ति के कारण इनका एक्सीडेंट या ऑपरेशन भी होता है। बचपन में चोट-पटक लगती रहती है।

अधिक ऊर्जा व महत्त्वाकांक्षा सफलता के शिखर पर पहुँचाती है, वहीं अधिक स्वतंत्र प्रकृति इनकी कार्यशैली को प्रभावित कर सकती है। ऐसे जातक निर्णय पहले लेते हैं, सोचते हैं बाद में। नेतृत्व क्षमता इनको एक सफल नेता भी बनाती है और जहाँ भी रहते हैं, वहाँ अपनी पहचान बनाकर रखते हैं।

धन अवस्था : इनकी धन स्थिति सामान्य से अच्छी होती है। धन का अपव्यय बिना सोचे-समझे करते हैं तथा बाद में उस पर विचार करते हैं। अचानक धन की प्राप्ति का योग भी रहता है। शेयर बाजार इत्यादि से लाभ होता है। बहुत तेजी से धन बनाना चाहते हैं, इसलिए इनमें धैर्य नहीं होता है।

पारिवारिक जीवन : इनके जीवन में गति व तीव्रता आवश्यक है। ये जातक अपने जीवनसाथी से अधिक अपेक्षा करनेवाले होते हैं। इनके जीवनसाथी को चाहिए कि इनकी अपेक्षाओं को समझे और उनके सहने की शक्ति प्राप्त करें। वैसे ये दूसरों को आसानी से क्षमा कर देते हैं, पर जब गुस्सा आता है, तब पहाड़ टूट पड़ता है। इस मूलांक की महिलाएँ अपने घर का प्रबंधन उसी तरह करती हैं, जैसे अपने कार्यालय में करती हैं। अनुशासन इनको घर व बाहर दोनों जगह पसंद है। ये लोग कपड़ों का चयन भी बहुत सावधानी से करते हैं। इनका घर इनकी पहचान बताता है। पारिवारिक जीवन में इन्हें अपने जीवनसाथी के सम्मुख झुकना पसंद नहीं होता है। अपना कर्तव्य भली-भाँति निभाते हैं, पर यदि उसमें कोई रोक-टोक दे, तो उसके प्रति मन-ही-मन में अलगाव उत्पन्न हो जाता है।

व्यवसाय : इस मूलांक के जातक अच्छे अध्यापक, सैनिक, डॉक्टर, इंजीनियर, पुलिस, खिलाड़ी या अन्य क्षेत्रों में पाए जाते हैं। जहाँ भी रहते हैं, वहाँ अपना प्रभुत्व बना लेते हैं। सफल राजनेता भी इस मूलांक के होते हैं। साहस व जोखिम भरे व्यवसाय इनको अच्छे लगते हैं। अपनी धनात्मक प्रवृत्तियों के कारण कार्य को उसको अंजाम देकर ही साँस लेते हैं, इसलिए प्रशंसित भी किए जाते हैं। कभी-कभी किसी की सलाह के बिना ही स्वतंत्र रूप से कार्य करते हैं, जिससे ये आलोचना के पात्र बनते हैं।

स्वास्थ्य : इस संबंध में ये जातक लापरवाह होते हैं। एक्सीडेंट या ऑपरेशन इनके जीवन में सामान्य बात है। इन जातकों में सिर में दर्द की शिकायत अधिकतर पाई जाती है। इसके अतिरिक्त ये श्वास, रक्त व उदर संबंधी विकारों से परेशान रहते हैं। आवश्यकता इस बात की है कि समय से पहले जाग जाएँ।

मित्रता : मित्रों के मित्र, दुश्मनों के दुश्मन यह नारा होता है इन जातकों का। मित्रों के लिए आवश्यकता से अधिक कार्य करते हैं, पर यदि किसी ने इनके साथ दुर्व्यहार किया हो, तो उसका उत्तर समय आने पर देते हैं। मूलांक 1, 2, 3, 4, 7, 9 के जातक इनके मित्रों में पाए जाते हैं।

ऋणात्मक गुण : बदले की भावना, आशुनिर्णय व क्रोध इनके व्यक्तित्व को मलिन करता है। इसके अतिरिक्त इनको चाहिए कि अधिक धैर्य व शांति से किसी कार्य को करें तथा कार्य के पूर्व विचार आवश्यक है।

भाग्यशाली दिन : रवि, सोम, मंगल व बृहस्पतिवार इन जातकों के लिए शुभ दिन माने गए हैं, जबकि अन्य दिन वर्जित हैं।

भाग्यशाली रंग : सफेद, लाल व पीला शुभ रंग हैं। इनका उपयोग वस्तु चयन इत्यादि में किया जा सकता है।

भाग्यशाली रत्न : माणिक व मूँगा शुभ रत्न हैं, जबकि मोती व पुखराज भी पहने जा सकते हैं।

भाग्यशाली मंत्र : ॐ अं अंगारकाय नमः।

ॐ भौं भौमाय नमः

अंक-9

9, 18 व 27 जन्मतिथि वाले कुछ प्रमुख व्यक्ति

वृंदावनलाल वर्मा	09 जनवरी
राहुल सांकृत्यायन	09 अप्रैल
गोपाल कृष्ण गोखले	09 मई
गुरुदत्त	09 जुलाई
भारतेंदु हरिश्चंद्र	09 सितंबर
लक्ष्मीमल सिंघवी	09 नवंबर
मदनलाल ढींगरा	18 फरवरी
रामकृष्ण परमहंस	18 फरवरी
सुभद्रा कुमारी चौहान	18 मार्च
नेल्सन मंडेला	18 जुलाई
बंकिमचंद्र चटर्जी	27 जून

□

अंक विश्लेषण

अब तक पाठक अपने अंकों का परिचय जान चुके होंगे। अंकों का जीवन में कितना महत्त्व है, पहले बताया जा चुका है। एक अंक का दूसरे अंक की ओर आकर्षण अथवा प्रत्याकर्षण होता है, उसी आधार पर कोई दिन या कोई मित्र कितना भाग्यशाली होता है। पाठकों को चाहिए कि वह अपने जीवन की अच्छी घटनाओं को एक स्थान पर लिख लें तथा अंक ज्योतिष के आधार पर उसका विश्लेषण करें एवं भावी जीवन में उसका प्रयोग करें।

विशेषांक कैसे प्राप्त करें : विशेषांक दो अंकों का योग है। ये दो अंक हैं जन्मांक व नामांक।

जन्मांक : जन्मदिन के अंकों का योग जन्मांक कहलाता है।

नामांक : नाम के शब्दों के अंकों का योग नामांक कहलाता है।

विशेषांक : जन्मांक व नामांक का योग विशेषांक कहलाता है।

उदाहरण के लिए Name : ADOLF HITLER

जन्मदिन : 20-4-1889

जन्मांक : 2+0+4+1+8+8+9=32=3+2=5

नामांक :

A + D + O + L + F	H + I + T + L + E + R
1+4+7+3+8	5+1+4+3+5+2
23	20
2+3=5	2+0=2

कुल : 5+2=7

विशेषांक : 5+7 = 12 = 1+2=3

अत: हिटलर के जीवन में 5, 7 एवं 3 अंकों का विशेष महत्त्व रहेगा।

पाठकों को चाहिए कि वह जन्मांक, नामांक व विशेषांक के आधार पर अंकों के फल पढ़ें तथा जो अंक के फल अधिक मिलते हैं, उस अंक का जीवन में अधिक प्रभाव रहेगा।

पाठक यदि जानना चाहें कि अमुक दिन उनके लिए कैसा रहेगा, उसका विचार निम्न रूप से करें—

उदाहरण

नाम : रमेश कुमार

जन्मदिन : 15-6-1966

प्रश्न : 15-3-1998 कैसा रहेगा?

विश्लेषण :

जन्मांक : 1+5+6+1+9+6+6=34=7

नामांक :	RAMESH	KUMAR
	2+1+4+5+3+5	2+6+4+1+2
	20	15
	2+0=2	1+5=6
	2+6=8	

विशेषांक : 7+8=15=1+5=6

प्रश्नांक : 1+5+3+1+9+9+8=36=3+6=9

प्रश्नांक + विशेषांक : 9+6=15=1+5=6

यह स्पष्ट है कि प्रश्नांक व विशेषांक दोनों का अंक 6 है। अत: यह दिन सफल रहेगा। सफल दिन या भाग्यशाली दिन होने के लिए प्रश्नांक व विशेषांक में मधुर संबंध अथवा मित्रता होना अनिवार्य है, अन्यथा फल सामान्य ही रहेंगे। अंकों के आपसी संबंध के लिए पहले दी गई मित्रता सारणी का आधार लें।

□

अपनी पहचान लेखन विश्लेषण द्वारा

यह कहा जाता है कि लेखन व्यक्तित्व का दर्पण है। जहाँ साफ व स्वच्छ लेख यह दरशाता है कि व्यक्ति सुविचार, सुव्यवस्थित व कुशल है, वहीं उसका लेख व्यक्तित्व का परिचय है। इसी तरह हस्ताक्षर से भी व्यक्ति विशेष की पहचान होती है। हस्ताक्षर की स्पष्टता, उसका झुकाव क्या उसके नीचे की रेखा इत्यादि व्यक्ति की विशेषताओं को बताता है। लेखन की आधार रेखा यदि ऊपर की ओर जाती है, तो व्यक्ति ऊर्जाशील व उन्नति की ओर अग्रसर होनेवाला होता है, जबकि यदि आधार रेखा का झुकाव नीचे की ओर होता है, तो व्यक्ति ऊर्जाहीन तथा निराशावादी प्रकृति का होता है। इन्हीं सब प्रवृत्तियों का अध्ययन लेखन विश्लेषण के आधार पर किया गया है।

लेखन : एक व्यक्तित्व दर्पण

किसी व्यक्ति विशेष की लिखावट उसके व्यक्तित्व का परिचायक है, यह कहना अनुचित नहीं होगा, क्योंकि लेखन उस व्यक्ति विशेष का अन्य लोगों से अपनी बात को अभिव्यक्त करने का तरीका होता है।

लेखन व्यक्ति विशेष के चरित्र, मानसिक स्थिति तथा घटनाओं के बारे में दरशाता है। यह कहना उचित ही होगा के दिमाग के अंदर चलनेवाले अंतर्द्वंद्व व्यक्ति के लेखन में परिलक्षित होते हैं।

इतना कहा जा सकता है कि समय के साथ-साथ व्यक्ति के लेखन में भी परिवर्तन आता रहता है। शायद यह अनुभव पाठकों का भी रहा हो कि

पहले जो लेखन आपका था, अब वह शायद परिवर्तित हो चुका हो। यह बात सत्य है कि लेखन व्यक्ति की मानसिक परिस्थिति का परिचायक है, निश्चित रूप से।

लेखन विज्ञान के आधार पर कोई भी व्यक्ति अपने चरित्र अथवा प्रकृति का लेखन आकलन स्वयं ही कर सकता है। इनके अंग निम्न हैं—

1. प्रौढ़ता माप

किसी भी स्थिति के साथ आप किस तरह व्यवहार करते हैं, यह व्यक्ति की प्रौढ़ता पर निर्भर करता है। जीवन में असंतोष का एक कारण व्यक्ति का पूर्ण रूप से प्रौढ़ नहीं होना भी हो सकता है। यहाँ पर प्रौढ़ का अर्थ परिपक्वता (Maturity) से है। निम्न लेखन का अध्ययन करें—

(अ) बच्चे का लेखन (देखें *m* व *n* के घुमावपन को)

My Mother land

(ब) प्रौढ़ लेखन (देखें *m* व *n* के घुमावपन को)

my mother land

व्याख्या :

शिशु लेखन : (1) यदि किसी बच्चे का लेख है, जिसका दिमाग अभी परिपक्व नहीं हुआ है।

(2) यदि किसी प्रौढ़ का लेख है, तो वह व्यक्ति भावनात्मक रूप से पीड़ित है।

प्रौढ़ लेखन :

(1) अपने वातावरण को अपनी इच्छानुसार ढाल लेनेवाला।

(2) शारीरिक क्षमता तथा ऊर्जा।

(3) अपने निर्णय स्वयं लेनेवाला।

A B C D E F
A B C D E F
A B C D E F

उपर्युक्त से शायद यह पता लग रहा हो कि शब्दों की लेखन प्रक्रिया का अध्ययन लेखन विज्ञान है। इस विषय पर भारतवर्ष में कार्य सीमित है। अमरीका में किसी व्यक्ति को नौकरी पर रखने से पूर्व उसके लेखन का अध्ययन किया जाता है कि वह विशेष कार्य करने की क्षमता रखता है कि नहीं।

2. सकारात्मक व ऋणात्मक प्रवृत्ति

किसी भी काररवाई की इति में व्यक्ति की विशेष प्रवृत्ति का हाथ होता है। यदि सकारात्मक प्रवृत्ति है, तो किसी पहाड़ को गिराना भी असंभव नहीं है, इसके विपरीत ऋणात्मक प्रवृत्तिवाला व्यक्ति धनी होने के बावजूद भी अपने को निर्धन समझता है। इस प्रवृत्ति का अध्ययन लेखन द्वारा किया जा सकता है, जो कि निम्न है—

2.1 सकारात्मक प्रवृत्ति : (देखें लेख के आकार को)

I love you

यहाँ शब्दों का आकार बड़ा है।

2.2 ऋणात्मक प्रवृत्ति

I love you

यहाँ शब्दों का आकार छोटा है।

यह हम आगे देखेंगे कि शब्दों के आकार का किसी व्यक्ति के व्यक्तित्व पर कितना प्रभाव पड़ता है।

व्याख्या : सकारात्मक प्रवृत्ति

(1) बहुत जल्दी मित्र बनानेवाले।

(2) अपनी उपस्थिति का अहसास दिलानेवाले।

(3) किसी समस्या का बढ़कर सामना करनेवाले।

(4) अन्य लोगों के ऋणात्मक गुण को ढकनेवाले।

ऋणात्मक प्रवृत्ति :

(1) अपने आप में सीमित।

(2) परेशानी में घबरानेवाले।

(3) किसी की दखलअंदाजी की आलोचना करनेवाले।

(4) लोगों के आलोचक।

3. व्यक्तित्व विकास : हम सामान्य जीवन में कई लोगों के समीप आते हैं, कुछ व्यक्तियों से हम प्रभावित होते हैं तथा कुछ से नहीं। यह भी हो सकता है कि किसी से हमें बिछोह व विरक्ति भी हो।

4. सुरक्षा प्रवृत्ति : कई व्यक्तियों को देखा गया होगा कि वह किसी कार्य को शीघ्रातिशीघ्र पूर्ण करते हैं अथवा गाड़ी तेज चलाते हैं अथवा अधिकतर व्यग्र रहते हैं, इसके विपरीत कई व्यक्ति आराम से कार्य करते हैं। प्राय: बुझे-बुझे रहते हैं और जल्दी ही थक जाते हैं। व्यक्ति की यह प्रवृत्ति उसके लेखन से देखी जा सकती है।

4.1 जल्दी थकनेवाला तथा सुरक्षित प्रवृत्ति : ऐसे व्यक्ति का लेखन कम दबाव लिये हुए तथा अक्षरों की बनावट परिवर्तित रहती है।

4.2 असुरक्षित प्रवृत्ति : ऐसा व्यक्ति अपने बारे में सोचता हुआ कम नियंत्रणवाला होता है। इनका लेखन अधिक दबाव लिये होता है। ऐसे व्यक्ति कुछ भी कार्य हो, उसे जल्दी-जल्दी करते हैं, चाहे भोजन हो, ड्राइविंग हो अथवा अन्य कार्य हो। इनका लेखन बड़े अक्षरोंवाला जल्दी-जल्दी लिखे अक्षरोंवाला होता है।

5. भावनात्मक प्रवृत्ति

साधारणतया यह पता लगाना मुश्किल हो जाता है कि अमुक व्यक्ति कितना संवेदनशील है।

इस प्रवृत्ति का अध्ययन निम्न रूप से किया जा सकता है—

किसी भी लेख को उपर्युक्त चित्र द्वारा समझा जा सकता है।

5.1 यदि लेख सीधा, बिना किसी झुकाव के हो, तो वह व्यक्ति तर्कसंगत, संतुलित दिमागवाला, व्यवहार कुशल तथा संवेदन को अपने वश में रखनेवाला होता है।

उदा. I Love India

5.2 यदि लेख बाईं ओर झुका हो, तो व्यक्ति अंतर्मुखी, ठंडापन लिये हुए अपने भावों को अपने तक सीमित रखनेवाला, संवेदनशील, जिसका

प्रमाण केंद्र से झुकाव से किया जा सकता है। यदि झुकाव अधिक हो, तो व्यक्ति अधिक संवेदनशील होता है।

उदा. I Love India

5.3 यदि लेख दाईं ओर झुका हो, तो व्यक्ति बहिर्मुखी, गर्मजोशी रखनेवाला ऊर्जासहित, नेतृत्व क्षमतावाला, जल्दबाज तथा कम संवदेनशील होता है। ऐसे व्यक्ति अपने मन की बात को किसी से कहने में घबराते नहीं हैं तथा साफ हृदयवाले होते हैं।

उदा. I Love India

6. विश्वसनीय प्रवृत्ति

सचमुच कलियुग में यह पता लगाना बड़ा मुश्किल है कि अमुक व्यक्ति विश्वसनीय है कि नहीं। किसी से अपने मन की बात कहें कि नहीं या किसको राजदार बनाएँ। लेखन विज्ञान के आधार पर इस प्रवृत्ति का प्रमाण लगाया जा सकता है।

6.1 अति विश्वसनीय : ऐसे व्यक्तियों का लेखन एक सीधी रेखा में होता है, चाहे वह रेखायुक्त कागज में लिखें या नहीं। उनकी आधार रेखा में परिवर्तन नहीं आता है। ऐसे व्यक्ति सामान्य रूप से उन्नति करते जाते हैं तथा जीवनपर्यंत सफल व्यक्ति कहे जा सकते हैं। इन लोगों को धन संबंधी दायित्व दिया जा सकता है।

उदा. This has reference to your Letter

6.2 अविश्वसनीय : ऐसे व्यक्तियों का लेखन सीधी रेखा में न होकर लहरयुक्त होता है।

उदा. This has reference to your Letter

6.3 अविश्वसनीय व गैर जिम्मेदार : कई व्यक्ति ऐसे होते हैं, जो आसानी से बहकाए जा सकते हैं। ये लोग बेईमान किस्म के होते हैं। इनकी आधार रेखा टेढ़ी–मेढ़ी होती है।

उदा. This has reference to your letter

7. आत्मभिमान प्रवृत्ति : समाज में रहकर व्यक्ति को संयोजित रूप से रहना पड़ता है। इसके लिए व्यक्ति विशेष को आत्मभिमान की आवश्यकता होती है। यह आत्मभिमान सीमित सीमाओं में उचित रहता है। लेखन द्वारा इसका परिचय किया जा सकता है कि व्यक्ति की आत्मभिमान प्रवृत्ति कैसी है तथा उससे किस भाँति से परिमाणित करना चाहिए।

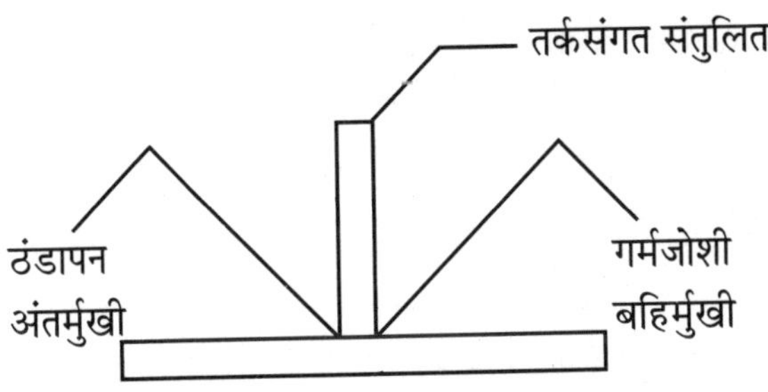

7.1 कम स्वाभिमान : इसका परिमाण इस बात से लिया जा सकता है कि किसी लेखन में शब्द (I) आई यदि अन्य अक्षरों से छोटा है, तो व्यक्ति विशेष में स्वाभिमान कम होता है।

उदा. I and Sunil went there

7.2 उचित स्वाभिमान : यदि लेखन में I (आई) का आकार अन्य शब्दों की अपेक्षा बराबर या अधिक हो, तो उचित स्वाभिमान किसी व्यक्ति विशेष में समझा जा सकता है।

उदा. I and Sunil went there

7.3 अधिक स्वाभिमान : ऐसे व्यक्ति जिनका समाज में स्थान हो, फिल्म उद्योग में हो तथा अतिप्रतिष्ठित हो, तो अधिकतर लेखन में (I) आई का आकार अन्य अक्षरों से अधिक हो जाता है। ऐसे व्यक्तियों को

घमंडी भी कह सकते हैं। ये दूसरों की भावनाओं की कदर करना नहीं जानते हैं।

उदा. I and sunil went there

भौतिकता, मानसिकता व बुद्धिमत्ता : साधारणतया व्यक्तियों में विभिन्न गुण पाए जाते हैं। कोई अधिक भौतिकवादी और कोई बुद्धिमान। लेखन विज्ञान के द्वारा भी यह जाना जा सकता है कि अमुक व्यक्ति किस तरह का है।

किसी भी शब्द के तीन भाग किए जा सकते हैं—

अ	ब	स
सिर	धड़	पाँव

उदाहरणतया :

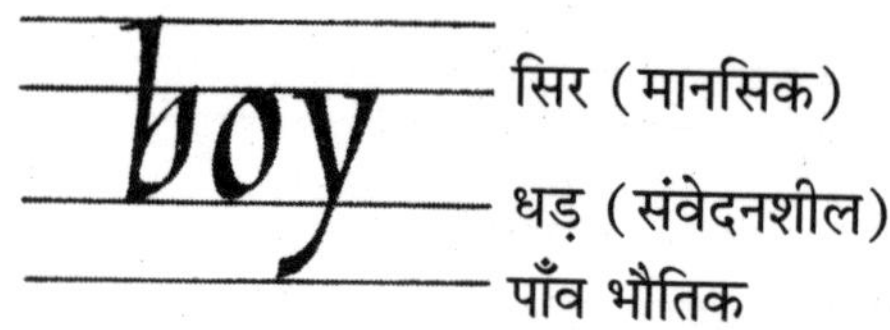

किसी भी भाग का औसत से अधिक होना उस व्यक्ति विशेष में उस गुण का अधिकता में पाया जाना होता है। यदि सिरवाला भाग अधिक लंबा हो, तो वह व्यक्ति मानसिक होता है अर्थात् बुद्धि का प्रयोग करनेवाला होता है। यदि मध्य भाग अधिक लंबा हो, तो वह व्यक्ति संवेदशील होता है तथा पाँववाला भाग अधिक लंबा होने से वह व्यक्ति भौतिकतावादी होता है। संतुलित व्यक्तित्व के लिए इन तीन भागों का सअनुपाती होना आवश्यक है।

□

हस्ताक्षर

लेखन के अतिरिक्त व्यक्ति विशेष अपने हस्ताक्षरों के माध्यम से अपनी पहचान बनाता है, क्योंकि हस्ताक्षर उसकी कानूनी पहचान भी है। हस्ताक्षर के अध्ययन से व्यक्ति की चारित्रिक विशेषताओं का पता लगाया जा सकता है।

इसका संक्षिप्त परिचय निम्न है—

1. हस्ताक्षर का स्थान

यदि हस्ताक्षर लेखन के साथ ही किया गया हो तो वह व्यक्ति पहले अपने समाज का होता है, फिर उसका अपना व्यक्तित्व होता है।

यदि हस्ताक्षर लेखन से हटकर अलग हो, तो वह व्यक्ति समाज में अपनी पहचान बनाने में प्रयासरत होता है। अपने आपको परिस्थिति के अनुसार ढाल लेता है।

जब हस्ताक्षर बाईं ओर के हाशिए के पास किया जाता है, तो व्यक्ति अपनी सुरक्षा के प्रति सावधान रहता है तथा कोई जोखिम नहीं लेना चाहता है।

जब हस्ताक्षर दाईं ओर के हाशिए के पास किया जाता है, तो व्यक्ति कम धैर्यवाला अधिक गतिवाला उत्तरदायित्व लेने के लिए तत्पर होता है।

यदि हस्ताक्षर दाईं ओर के हाशिए से हटकर लेखन समाप्ति पर हो, तो व्यक्ति संतुलित तथा किसी भी अवस्था में काम करनेवाला होता है। यह आदर्श स्थिति है।

यदि हस्ताक्षर मध्य में हो, तो व्यक्ति सुरक्षित भावनावाला तथा कम जोखिम लेनेवाला होता है। सबके मध्य में रहना चाहता है, पर नेतृत्व नहीं करना चाहता है।

2. हस्ताक्षर के नीचे रेखा : बहुधा यह देखा गया है कि व्यक्ति विशेष हस्ताक्षर करने के पश्चात् उसके नीचे रेखा खींच देता है। ये व्यक्ति अपना स्वतंत्र व्यक्तित्व समाज के सामने रखना चाहते हैं और स्वयं को प्रतिष्ठित करना चाहते हैं तथा ये चाहते हैं कि वातावरण में स्थित लोग इनके प्रभाव को समझें व जानें। इसके विपरीत यदि यह रेखा नहीं होती है, तो वह व्यक्ति सरल स्वभाववाले तथा जीवन में मध्यम मार्ग अपनानेवाले होते हैं। इन व्यक्तियों से वार्त्तालाप बिना सकुचाए किया जा सकता है।

3. गोल-मोल हस्ताक्षर : यदि हस्ताक्षर वृत्ताकार आकृति लिये हो अर्थात् हस्ताक्षरों को वृत्ताकार आकृतियों के अंदर ढका हो, तो व्यक्ति कल्पनाशील होता है। वह अपने असली व्यक्तित्व का प्रदर्शन समाज में नहीं करता है। ऐसे लोगों से वार्त्तालाप सावधानी से करना चाहिए। ये लोग दिनचर्या के विषयों में अपने परिवार को दूर ही रखते हैं अर्थात् इनके मित्रों को भी इनके परिवार और जीवनसाथी के बारे में जानना मुश्किल हो जाता है। अपना हरेक कदम ये बहुत सावधानी से रखते हैं।

4. कटा हस्ताक्षर : कई व्यक्ति हस्ताक्षर के बीच में कई रेखाएँ खींचकर उसे काट देते हैं। ये व्यक्ति अपनी सामाजिक प्रतिभा से प्रसन्न नहीं होते हैं तथा उसको परिवर्तित करना चाहते हैं। इसके अतिरिक्त ये अपने परिवारजनों से हटकर कार्य करना चाहते हैं।

5. हस्ताक्षर की आधार रेखा : यदि हस्ताक्षर की आधार रेखा ऊपर की ओर है, तो वह व्यक्ति उन्नतिशील प्रवृत्ति का होता है। वहीं यदि हस्ताक्षर की आधार रेखा नीचे की ओर झुकी होती है, तो वह व्यक्ति सावधान प्रवृत्तिवाला होता है तथा प्रगति के लिए कोई जोखिम नहीं लेता है।

6. हस्ताक्षर का आकार : हस्ताक्षरों के आकार से व्यक्ति विशेष की मनोवृत्तियों का पता लगाया जा सकता है—

6.1 बड़े हस्ताक्षर : यदि हस्ताक्षर लेखन लिपि की अपेक्षा बड़े हों, तो व्यक्ति विशेष में दिखावे की भावना होती है। वह समाज में अपनी पहचान बढ़-चढ़कर बनाना चाहता है, जितनी उसमें योग्यता नहीं होती है। ये व्यक्ति सकारात्मक सोचवाले तथा अतिमहत्त्वाकांक्षी होते हैं।

6.2 छोटे हस्ताक्षर : ये हस्ताक्षर अपेक्षाकृत छोटे होते हैं। इन लोगों में असुरक्षा की भावना होती है तथा नेतृत्व क्षमता कम होती है। मन-ही-मन में यह रहता है कि समाज में इनकी प्रतिष्ठा बने और सम्मान हो, पर उसको अभिव्यक्त नहीं कर पाते हैं।

यदि हस्ताक्षर की लिपि व्यक्ति के लेखन की तरह ही हो, तो वह व्यक्ति एक तरह के व्यक्तित्त्ववाला होता है, जबकि हस्ताक्षर अन्य लिपि से भिन्न हो तो उस व्यक्ति का समाज के लिए अलग व्यक्तित्व होता है अथवा दोहरे व्यक्तित्त्ववाला होता है।

6.3 अस्पष्ट हस्ताक्षर : अधिकतर हस्ताक्षर इतने अस्पष्ट होते हैं कि यह पता लगाना मुश्किल होता है कि यह हस्ताक्षर किसने किए हैं। इन व्यक्तियों को पहचानना कठिन होता है, यहाँ तक कि इनके मित्र भी काफी समय पश्चात् इनके गुणों-अवगुणों को जान नहीं पाते हैं। ये लोग समाज से अपने असली व्यक्तित्व को छिपाने में विश्वास करते हैं। यदि व्यक्ति में अपने का समाज अपने हस्ताक्षर के शब्द पूर्ण नहीं लिखता अथवा छोटा रूप लिखता

है, तो वह व्यक्तित्व को पूर्णरूप से प्रदर्शित नहीं करना चाहता है।

6.4 स्पष्ट हस्ताक्षर : ये व्यक्ति दोहरे व्यक्तित्व पर विश्वास नहीं करते तथा कथनी व करनी एक ही होती है। ये चाहते हैं कि समाज में इनका स्थान बने व अपने गुणों के कारण जाने जाएँ। जो व्यक्ति अपना नाम पूर्ण लिखता है, तो वह अपने व्यक्तित्व को पूर्ण दिखाना चाहता है। यदि वह अपना प्रथम नाम ही लिखता है, तो वह स्वयं के प्रयासों के कारण अपना विकास करना चाहता है तथा अपने परिवार से उसका इतना संबंध नहीं होता है, जितना उन व्यक्तियों का, जो प्रथम शब्द न लिखकर अपना जाति नाम लिखते हैं।

लेखन विश्लेषण

अब तक पाठकों को लेखन व हस्ताक्षर के आधार पर अपने व्यक्तित्व का पता चल गया होगा। इसका विश्लेषण दो भागों द्वारा किया जाना चाहिए—

1. लेखन लिपि द्वारा
2. हस्ताक्षर द्वारा।

तत्पश्चात् दोनों का योग करने से यदि धनात्मक गुण अधिक पाए जाते हैं, तो उसका प्रयोग कर लाभान्वित होना चाहिए, जबकि यदि ऋणात्मक गुणों का प्रभुत्व अधिक हो, तो लेखन व हस्ताक्षर में सुधार करना चाहिए, ताकि व्यक्तित्व में निखार आए।

□

अपनी पहचान मुखाकृति विश्लेषण द्वारा

मुख यानी चेहरा व्यक्तित्व का दर्पण होता है। जहाँ यह व्यक्ति के चरित्र के बारे में बताता है, वहीं जीवन की घटनाओं का भी सूचक होता है। ऊँचा व बड़ा माथा जहाँ सफल व्यक्ति का द्योतक है, वहीं पतले होंठ चालाक प्रवृत्ति के व्यक्ति का संकेत है। इन्हीं कुछ संकलित संकेत की सहायता लेकर किसी व्यक्ति विशेष की पहचान हो सकती है, जिसके अनुसार ही आप अपने व्यवहार का प्रबंधन कर सकते हैं।

मुखाकृति विज्ञान : एक परिचय

इस तथ्य को स्वीकारने में कोई आपत्ति नहीं होनी चाहिए कि प्रत्येक प्राणी अपने आप में अतुल्य व अनुपम है, इसी आधार पर वह अपनी पहचान बनाता है। कई बार यह सुनने में आता है कि अमुक व्यक्ति लोगों का चेहरा पढ़ लेता है। यह बात सत्य है कि शरीर व चेहरे की बनावट से यह पता लगाया जा सकता है कि व्यक्ति विशेष किस व्यक्तित्व का जातक है। यद्यपि इसमें अधिक शोध कार्य नहीं हुआ है, फिर भी अपने अनुभव के आधार पर इसका विश्लेषण निम्न रूप से किया जा सकता है।

मुख को निम्न भागों में बाँटा जा सकता है—

सिर, चेहरा, माथा, भौंहें, आँख, नाक, होंठ, गाल, ठोड़ी, कान।

इनका संक्षिप्त विवरण निम्न है—

1. सिर : यह वह क्षेत्र है, जहाँ अधिकतर बाल पाए जाते हैं। इस क्षेत्र की बनावट व बालों की घनता के आधार पर परिणाम होते हैं।

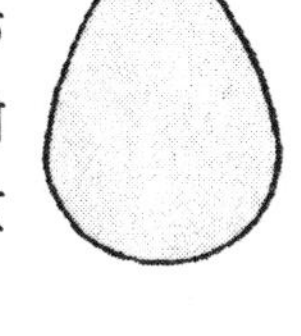

1.1 लंबा सिर : यह सिर माथे की ओर छोटा तथा पीछे की ओर लंबा होता है। ये लोग संवेदनशील, जल्दबाजी करनेवाले तथा अस्थिर प्रकृति के होते हैं, पर दूसरे की सहायता में तत्पर रहते हैं।

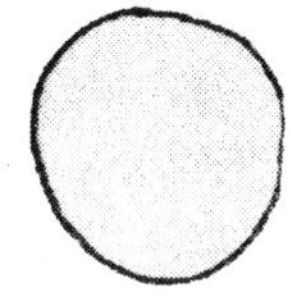

1.2 गोल सिर : इस सिर के जातक एक संतुलित व आकर्षक व्यक्तित्त्ववाले होते हैं। प्राय: ये लोग अपने जीवन में सफल होते हैं।

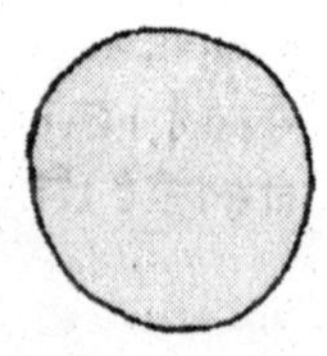

1.3 बड़ा सिर : यह आगे की तरफ बड़ा तथा पिछली तरफ छोटा होता है। ये जातक जिद्दी स्वभाव के सशक्त दिमागवाले बुद्धिमान होते हैं। ये लोग अधिक तर्कशील होते हैं।

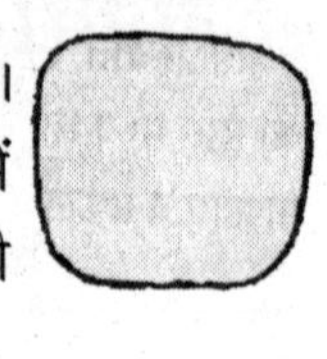

1.4 वर्गाकार सिर : ये जातक भी बुद्धिमान होते हैं। समय की भाषा को पहचानते हैं। किसी भी कार्य को करने में नहीं घबराते हैं। अपनी बुद्धिमत्ता के कारण समाज में अपनी पहचान बनाते हैं।

सिर के साथ यदि उसके ऊपर बालों की चर्चा न हो, तो विषय अधूरा रह जाता है। इसका संक्षिप्त विवरण निम्न है—

बालों की विशेषता : जहाँ सरल व कड़े बाल दृढ़ निश्चयता, जिद्दीपन, बहिर्मुखी व्यक्तित्व के परिचायक हैं, वहीं नरम बाल सौहार्दपूर्ण, संवेदनशील, स्त्रीगुण बहुल्यता के प्रतीक हैं। घुँघराले बालों का जातक अस्थिर प्रवृत्तिवाला, विभिन्न रुचियाँ रखनेवाला तथा जीवन के विभिन्न पहलुओं को जीनेवाला होता है। ये लोग अच्छी मित्रता के प्रतीक होते हैं। कई लोगों के सिर पर सफेद बालों का बाहुल्य होता है। जिस वर्ष काले बाल सफेद होने प्रारंभ होते हैं, उस वर्ष कुछ-न-कुछ परिवर्तन या परेशानी अवश्य आती है तथा मानसिकता में भी परिवर्तन होता है। साथ-ही-साथ यदि सिर में दर्द तथा आँखों का खराब होना भी प्रारंभ होता है। जब तक कि संपूर्ण रूप से सफेद न हो जाएँ। इनकी सोचने की दिशा अन्य लोगों से अलग होती है।

1.5 संपूर्ण बाल : जिस जातक के सिर में संपूर्ण बाल हों वह जिद्दी, ऊर्जा से परिपूर्ण तथा स्वावलंबी होता है और यदि नरम पतले बाल हों, तो इन गुणों में कमी आती है।

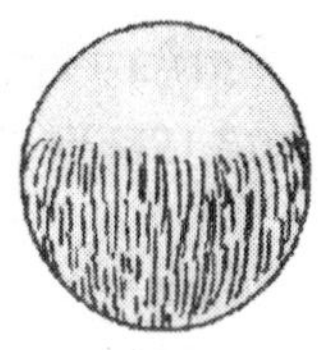

1.6 अग्र भाग बाल रहित : ये जातक मनोरंजन प्रिय, हास्य के प्रति रुचि रखनेवाले होते हैं। धैर्य क्षमता होने के कारण किसी भी परेशानी का डटकर सामना करते हैं। भाग्य इनके साथ होता है।

1.7 पुष्ट भाग बाल रहित : इन लोगों का भाग्योदय देर से होता है। यहाँ यह बता देना युक्तिसंगत होगा कि बाल शनि ग्रह का द्योतक हैं तथा शनि अधिकतर स्थितियों में बाधक ग्रह होता है तथा शनैः-शनैः ही प्रगति करवाता है। अतः सिर पर कम बाल होना शुभ संकेत ही माना जा सकता है। ये जातक भी निर्णय को समझ-बूझकर ही करते हैं, पर हमेशा किसी-न-किसी परेशानी में फँसे रहते हैं।

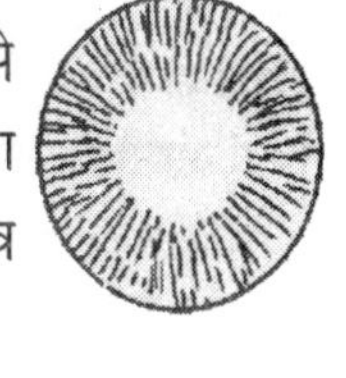

1.8 मध्य भाग बाल रहित : यह स्थिति सबसे भाग्यशाली समझी जाती है, क्योंकि बालों का ह्रास मध्य भाग से होता है। ये लोग खुशमिजाज, दंभ रहित, समझदार व सफल होते हैं।

1.9 पूरा सिर बाल रहित : समाज में इनको गंजे के रूप में जाना जाता है। गंजापन यदि उम्र के साथ हो तो इसको अच्छा माना जाता है, पर यदि युवावस्था में ऐसा हो, तो यह शुभ सूचक नहीं है। इन जातकों के जीवन में परिवर्तन अचानक आता है, जिससे इनका रहन-सहन बदल जाता है। परेशानियों का सामना भी करना पड़ सकता है, इसके लिए सावधानी आवश्यक है।

2.10 चेहरा (मुँह) : ऐसा कहा जाता है कि चेहरा मनुष्य की प्रवृत्तियों व घटनाओं का प्रतीक होता है। कोई चेहरा खिला हुआ रहता है, तो कोई मुरझाया हुआ। इन चेहरों का अध्ययन इसलिए अनिवार्य हो जाता है, क्योंकि इनमें ही उस जातक की घटनाओं की प्रतिच्छाया होती है।

चेहरे के भाग :

किसी भी चेहरे को तीन भागों में विभाजित किया जा सकता है—

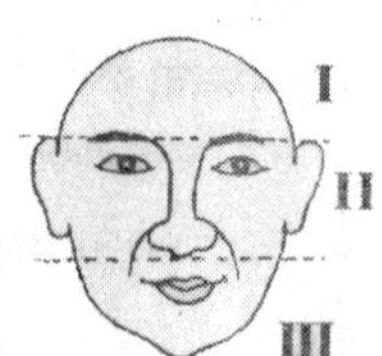

2.11 उर्ध्व भाग : भौंह से ऊपर यानी माथा। यह भाग किसी भी जातक की बुद्धिमत्ता का प्रतीक होता है। चीनी पद्धति के अनुसार, जन्म से 30 वर्ष तक की घटनाओं का अध्ययन इस भाग से किया जाता है। सफल व भाग्यशाली होने के लिए इस क्षेत्र को समतल व बिना अनावश्यक चिह्न के होना आवश्यक है। ऐसी मान्यता है कि जिसका माथा चौड़ा होता है, वह जातक भाग्यशाली व सफल होता है।

2.12 मध्य भाग : यह भाग भौंह के नीचे व नाक तक होता है। इस क्षेत्र से जातक के स्वास्थ्य, भाग्य, विवाह, संवेदनशीलता का अध्ययन किया जा सकता है। प्राय: यह क्षेत्र 31 वर्ष से 50 वर्ष तक की घटनाओं का संकेत देता है।

2.13 निम्न भाग : यह क्षेत्र नाक के नीचे से ठोड़ी तक होता है। इस क्षेत्र से जातक की भौतिक, पारिवारिक व धन संबंधी सफलताओं का संकेत होता है। यह क्षेत्र 50 वर्ष से ऊपर की घटनाओं का संकेत देता है।

संतुलित व्यक्तित्व के लिए तीनों भागों का समान होना आवश्यक है, अन्यथा जो भाग अन्य भाग से अधिक क्षेत्र का हो, उस क्षेत्र संबंधी लाभ अधिक होने का संकेत समझना चाहिए।

2.2 चेहरे का आकार : चेहरे के आकार के अनुसार उसका फल बदल जाता है। कुछ मुख्य आकार निम्न रूप में है—

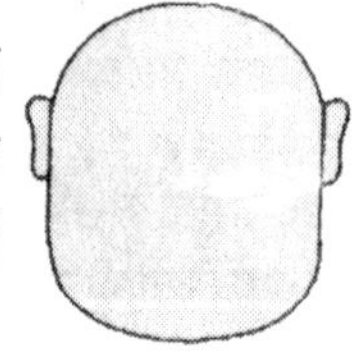

2.21 वर्गाकार चेहरा : इस चेहरे का व्यक्ति बुद्धिमान, सफल व सहनशीलतावाला होता है। ये लोग दिल के साफ तथा वफादार होते हैं। यह चेहरा आम लोगों का पाया जाता है।

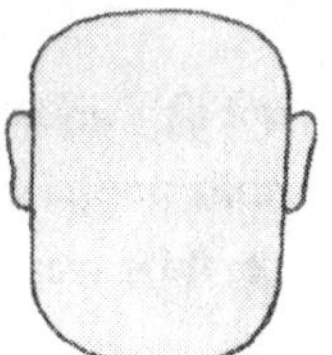

2.22 आयताकार चेहरा : यह चेहरा लंबा व आयताकार होता है। ये जातक कल्पनाशील, ऊर्जावाले, हठी, अनुशासित व कठिनाइयों का सामना करनेवाले होते हैं। इनको अधिक उत्तेजित भी देखा जा सकता है।

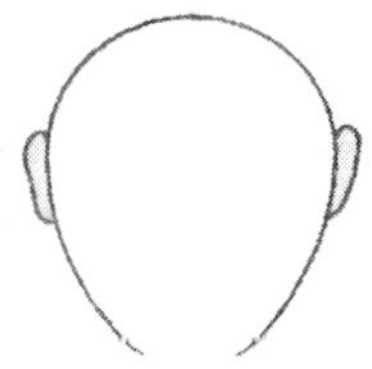

2.23 अंडाकार चेहरा : इस चेहरे के जातक कल्पनाशील, कम ऊर्जावाले कलाकार प्रवृत्ति के होते हैं। इस भाग का क्षेत्रफल कम होने के कारण ये लोग वित्तीय संबंधों में कम सफल रहते हैं।

2.24 गोलाकार चेहरा : यह चेहरा एक वृत्त की तरह होता है। जातकों का मध्य भाग अधिक क्षेत्र लिये होता है। अत: इन लोगों का जीवन मध्यम सफल होता है। धन अवस्था में उतार-चढ़ाव आते रहते हैं। अधिकतर ये जातक प्रसन्न मुद्रा में ही रहते हैं। सकारात्मक सोच, दयालु प्रवृत्ति इनके अतिरिक्त गुण हैं।

3. माथा : माथे का चेहरे में जहाँ प्रमुख स्थान है, वहीं किसी सफल जातक के लिए उच्च भाल (माथा) का होना आवश्यक है। किसी भी चेहरे का सफल होना माथे पर निर्भर है। यदि किसी जातक का माथा अधिक क्षेत्रवाला हो, तो उसे निश्चित रूप से औसत सफल कहा जा सकता है। जैसा कि पहले कहा चुका है कि माथा जन्म से 30 वर्ष तक के समय का द्योतक है और जातक की बुद्धिमत्ता व कार्य-क्षेत्र का द्योतक है। इसके निम्न प्रकार हैं—

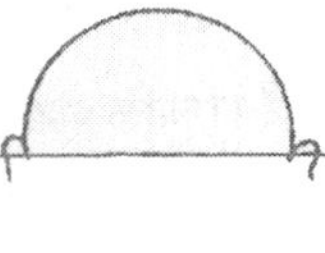

3.1 ऊँचा-चौड़ा माथा : ये लोग सफल, गुणवान्, प्रयोगवादी, दयालु व सज्जन प्रकृति के होते हैं। जीवन में अधिक जोखिम लेने पर विश्वास रखते हैं।

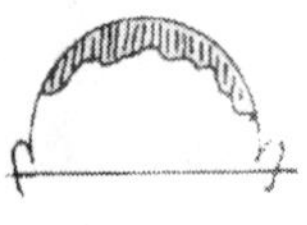

3.2 ऊँचा-सँकरा माथा : ऊपर लिखे गुणों के अतिरिक्त ये लोग कोई भी कार्य सावधानी से करते हैं तथा किसी भी फल के प्रति काफी धैर्य रख सकते हैं।

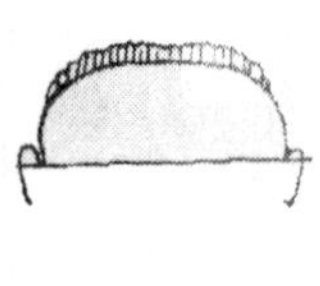

3.3 छोटा-चौड़ा माथा : इस माथे की ऊँचाई कम, पर चौड़ा होता है। ये लोग सजग तथा लक्ष्य के प्रति सावधान होते हैं, पर औसत सफलता ही अर्जित कर पाते हैं। धैर्य व अध्यवसाय इनके महत्त्वपूर्ण गुण हैं।

3.4 छोटा व सँकरा माथा : इस प्रकार का माथा क्षेत्रफल में कम होता है, अत: ये जातक मानसिक रूप से कम विकसित तथा जिद्दी प्रकृति के होते हैं। चतुरता में इनका कोई सानी नहीं होता है। स्वार्थी प्रकृति के कारण ये अपनी पहचान बनाते हैं।

ऊपर उद्धित गुणों में कमी या वृद्धि माथे की रूपरेखा से जोड़ने से और यथार्थ होती है। प्राय: माथे की रूपरेखा निम्न दो प्रकार की होती है—

3.5 उत्तल माथा : इस तरह का माथा बाहर की ओर निकला हुआ होता है। ऐसे जातक बुद्धिमान, सामाजिक, नेतृत्वशील, कल्पनाशील व सफल होते हैं। बाहरी कार्यों में व्यस्त रहने के कारण इनके पारिवारिक जीवन में खटपट बनी रहती है, पर अपनी चपलता के कारण ये उसका प्रबंधन भली-भाँति करते हैं।

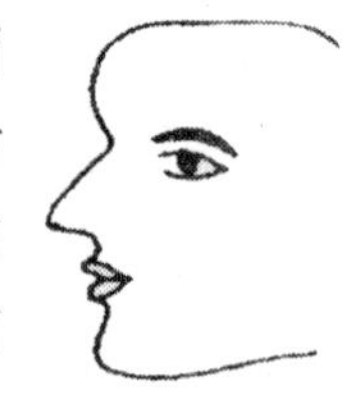

3.6 अवतल माथा : ऐसा माथा ऊपर उठकर आँखों के पास अंदर को जाता हुआ होता है। ऐसे जातक समझौतावादी प्रकृति के होते हैं तथा सभी से मित्रता रखते हैं। अधिक मेहनत इनके वश में नहीं होती है। इनके चित्त

का पता लगाना मुश्किल होता है, पल में तोला, पल में माशा। यदि माथा उत्तल हो तथा चौड़ा व ऊँचा हो, तो गुणों में वृद्धि हो जाती है तथा वही माथा यदि चौड़ा व ऊँचा हो, पर अवतल हो तो गुणों में कमी आ जाती है।

3.7 समतल माथा : इस तरह का माथा उत्तल व अवतल माथे का मिश्रण होता है। ये जातक साधारणतया सफल, सामाजिक तथा प्रसन्नचित्त रहते हैं। सामाजिकता की सीमाएँ होती हैं, जिसका पारिवारिक जीवन में कोई विशेष प्रभाव नहीं रहता है।

4. भौंह : भौंह का स्थान माथे के एकदम निचली सीमा पर होता है, इससे किसी भी जातक की बुद्धिमत्ता तथ बौद्धिकता का पता लगता है। चेहरे के मध्य भाग का प्रारंभ भी यहीं से होता है।

जहाँ लंबी व अच्छी भौंहें बुद्धिमत्ता, सौम्यता व सामाजिकता का सूचक होती हैं, वहीं छोटी व कटी भौंहें असफल, स्वार्थी व अशिष्ट व्यक्तित्त्व का परिचायक हैं।

भौंह के बाल अपने आपमें काफी महत्त्वपूर्ण हैं, उनकी गहनता भौंहों के गुणों को घटाती-बढ़ाती है। अधिक गुण प्राप्ति के लिए भौंह के बाल नियमित तथा एक-दूसरे के समानांतर होने चाहिए। छोटी व अच्छी भौंहें दृढ़निश्चयता तथा प्रयोगवादी व्यकितत्त्व का द्योतक होती हैं।

यदि भौंह के बाल कम गहन हों, तो उस जातक को धन की हमेशा कमी रहती है। आँख के ऊपर दोनों भौंहों के बीच दूरी का अपना महत्त्व है। यदि यह सामान्य दूरी पर हो, तो जातक सकारात्मक सोचवाला, दूरदर्शी व सहृदय होता है। अपनी क्षमता से अधिक खर्च करता है। समाज में इनकी लोकप्रियता बनी रहती है।

यदि भौंह एक-दूसरे के करीब अथवा मिली हुई रहती हैं, तो इन जातकों को अधिक क्रोध आता है तथा इनको अपने विकास के लिए दूसरों का सहारा लेना पड़ता है। जीवन के उत्तरार्ध में ही भाग्योदय होता है। छोटी सी बात भी इनके दिल को लग जाती है। इन लोगों का वैवाहिक जीवन

मध्यम स्तर का ही होता है।

भौंहों का निम्न रूप से वर्गीकरण किया जा सकता है—

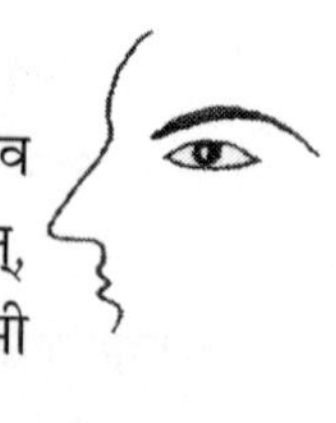

4.1 सुंदर मेहराब भौंहें : ऐसी भौंहें देखने में सुंदर व मेहराब सी लगती हैं। ऐसा जातक सुसंस्कृत, विद्वान्, संवेदनशील तथा सफल होता है। इनमें कला के क्षेत्र में भी दक्षता पाई जाती है।

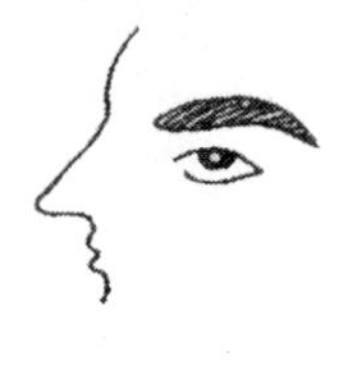

4.2 सघन भौंहें : ये भौंहें बालयुक्त मोटी होती हैं तथा पूरी आँख को घेरे रहती हैं। इनका व्यक्तित्व सशक्त, दृढ़निश्चयी, शासकीय प्रवृत्तिवाले, अनुशासित व सफल होते हैं।

4.3 कम घनी भौंहें : इन भौंहों में बहुत कम बाल होते हैं। ये लोग गुप्त तरीके से कार्य करनेवाले तथा अकेलापन पसंद करते हैं। विचारों में स्वतंत्र रूप दिखाई देता है। अत: इन्हें किसी अन्य व्यक्ति के नियंत्रण में कार्य करने में परेशानी होती है।

4.4 टूटी भौंहें : कई बार टूटी भौंहें भी देखी जाती हैं। इन जातकों को 33 वर्ष से 35 वर्ष के बीच परेशानी आती है। यदि यह भौंह मोटी हो तो परेशानी की तीव्रता कम रहती है, पर पतली भौंह होने से अधिक परेशानी परिणामित है।

सारांश में यदि भौंहें अच्छे बालयुक्त, मेहराबयुक्त व बाल क्रमिक रूप में हों तो भाग्य व सफलता उस जातक के चरण चूमती है, जबकि कम बालवाली, रास्ते में टूटी हुई भौंह अच्छी नहीं कही जा सकती है। अनुभव के आधार पर यदि भौंह में कम बाल की घनता आँख के छोर से कान की ओर बढ़ती है, तो उस जातक को जीवन के उत्तरार्ध में सफलता मिलती है।

5. आँखें : चेहरे में आँखें ही ऐसी होती हैं, जो व्यक्ति के दिल का हाल बयान करती हैं। चेहरा कितना ही खूबसूरत क्यों न हो, यदि आँखें उसके अनुसार नहीं हैं तो सफलता भी सीमित हो जाती है। आँखों के द्वारा व्यक्ति विशेष के 35 से 40 वर्ष तक की घटनाओं का अध्ययन किया जा सकता है। आँखों की तीव्रता जहाँ संवेदनशीलता, ऊर्जा व भावनात्मकता को प्रकट करती है, वहीं ये आँखें सुख-दुःख, जीत-हार, ज्ञान-अज्ञान इत्यादि सभी भावों की द्योतक होती हैं। प्राय: आँख में पुतली व उसके पीछे का सफेद हिस्सा महत्त्वपूर्ण होता है। सम आँखों में पुतली सफेद हिस्से के ऊपर होती है तथा विषम आँखों में पुतली पूरी आँख में नहीं होती है।

आँखों का नाक व भौंह से संबंध, आँखों का तिरछापन, आँखों का आकार, दोनों आँखों के बीच की दूरी तथा पलकों के प्रकार का भी आँखों के अध्ययन में प्रभाव पड़ता है।

सम

विषम

5.1 बड़ी आँखें (चेहरे से) : ये आँखें चेहरे से बड़ी होती हैं। ये लोग अधिक दिखावेवाले, संगीत व कला के प्रेमी होते हैं तथा इनके स्वभाव में सरलता होती है।

5.2 छोटी आँखें (चेहरे से) : ये आँखें चेहरे के आकार से अपेक्षाकृत छोटी होती हैं। ये लोग चालाक, प्रयोगवादी तथा दृढ़निश्चयवाले होते हैं। इनका पता लगाना मुश्किल होता है, क्योंकि ये रहस्यमयी होते हैं।

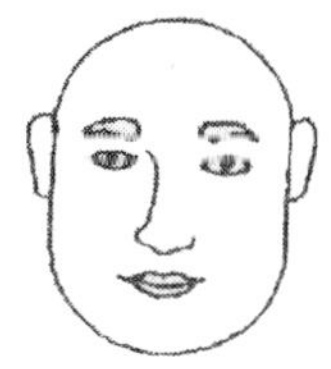

5.3 असंतुलित आँखें : इसमें एक आँख का झुकाव दूसरे से अधिक होता है अर्थात् असंतुलित होता है। ये जातक दोहरे व्यक्तित्त्ववाले होते हैं तथा इनको सफलता युवावस्था में ही मिल जाती है।

5.4 : झुकी आँखें : कभी-कभी ऐसा देखने को मिलता है कि पलकें आधी आँख को आच्छादित किए होती हैं, ऐसे लोग रहस्यमयी तथा विचित्र व्यक्तित्व के होते हैं। अधिक सामाजिकता पर इनका विश्वास नहीं होता है। खोजी प्रवृत्ति का भी इन लोगों में प्रभाव पाया जाता है।

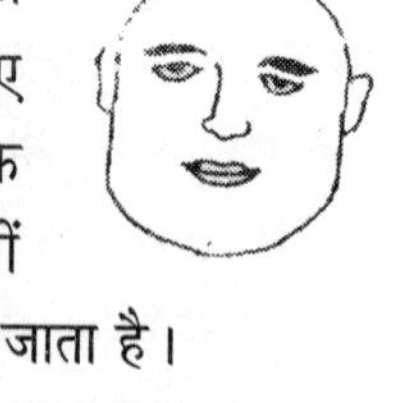

5.5 बाहर निकली आँखें : ऐसी आँखों की पुतली बाहर को निकली होती है। ऐसे जातक समझदार, सावधान व संतुष्ट प्रकृति के होते हैं। घर में शांति बनाने का इनका प्रयास रहता है। ये सरल स्वभाव के होते हैं तथा जीवन में कभी दुश्मन का सामना भी करना पड़ सकता है। यकृत संबंधी विकारों से ये लोग पीड़ित रहते हैं।

5.6 अधिक दूर स्थित आँखें : यदि दो आँखों के बीच की दूरी अधिक होती है, तो वह व्यक्ति कम दिमागवाला, आलसी, अधैर्यवाला होता है।

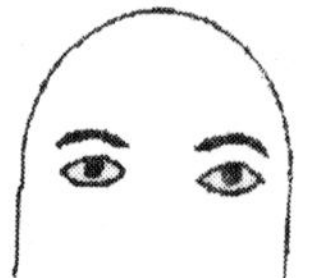

5.7 सम दूर स्थित आँखें : ये आँखें लगभग आँखों की चौड़ाई जितनी दूरी में होती हैं। ऐसा व्यक्ति सम चित्तवाला, संवेदनशील व कई विषयों में रुचि रखनेवाला होता है।

5.8 कम दूर स्थित आँखें : ये आँखें पास-पास होती हैं। ऐसा व्यक्ति अति संवेदनशील, चतुर व अस्थिर प्रकृति का होता है।

5.9 तिरछी आँखें : कभी-कभी तिरछी आँखें भी देखने को मिलती हैं। ये आँखें एक सीधी रेखा में न होकर नाक की अपेक्षा एक कोण बनाकर होती हैं। ऐसे व्यक्ति पर विश्वास करना कठिन है। ये लोग अपना काम तो निकाल

लेते हैं, पर जब दूसरों को मदद करनी होती है, तो कोई बहाना बनाकर टाल देते हैं। विभिन्न योजनाएँ बनाने में ये सफल होते हैं।

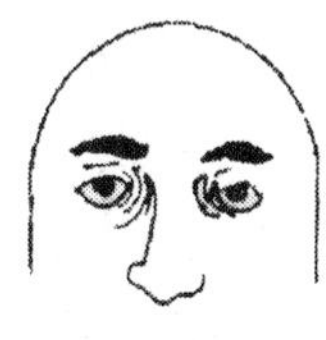

5.10 गहराई में स्थित आँखें : ये आँखें प्रारंभ में गहराई में स्थित होती हैं। ऐसे व्यक्ति समझदार, सावधानी बरतनेवाले, सहनशील, रहस्यमयी व स्थिर चित्तवाले होते हैं। इनको आत्मभाष भी होता है।

5.11 ऐंची आँखें : इन आँखों की पुतलियाँ असंतुलित होती हैं अर्थात् दोनों आँखों में पुतलियों की स्थिति भिन्न होती है।

इन व्यक्तियों को प्रारंभिक उम्र में जहाँ भाग्य की मदद मिलती है, वहीं मध्यायु में दुर्भाग्य का सामना करना पड़ता है। विशेषकर जीवनसाथी के परिप्रेक्ष्य में।

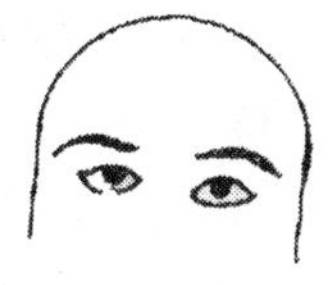

5.12 तीन सफेदी आँखें : इन आँखों की पुतलियाँ प्राय: छोटी होती हैं इसलिए सफेद भाग तीन स्थानों में होता है। एक आँख के दाएँ, दूसरी आँख के बाएँ व तीसरी आँख के नीचे।

ऐसे व्यक्ति प्राय: अतिसंवेदनशील, विकृत व्यक्तित्त्ववाले तथा स्वार्थी होते हैं। इनकी विचारधारा अन्य लोगों की अपेक्षा भिन्न होती है। ऐसे व्यक्तियों से सावधान रहने की आवश्यकता है।

आँखों में रंगों का स्थान भी महत्त्वपूर्ण होता है। रंग के अनुसार इसके फल परिवर्तित होते हैं।

5.13 काली आँखें : ऐसे व्यक्तियों की ऊर्जाशक्ति अधिक होती है, अपेक्षाकृत हलकी रंग की आँखों से ।

5.14 नीली आँखें : यह रंग काफी पाया जाता है। ये व्यक्ति दयालु, सहिष्णु तथा विपरीत लिंग के प्रति सहज ही आकर्षित हो जाते हैं। ये जातक एक से अधिक व्यवसाय भी करते हैं।

5.15 पीली आँखें : ये व्यक्ति निराशावादी प्रवृत्ति के होते हैं। यह किसी बीमारी का भी संकेत होता है। वफादारी व ईमानदारी कम ही पाई जाती है। ये लोग कोई भी अन्यायपूर्ण कार्य कर सकते हैं।

5.16 लाल आँखें : इन आँखों में सफेद हिस्सा लालिमा लिये होता है। ये लोग क्रोधी असंतुलित तथा परेशान रहनेवाले होते हैं। अपने रक्तचाप पर नियंत्रण रखना आवश्यक है।

6. नाक : नाक भी चेहरे की बनावट की तरह महत्त्वपूर्ण है। कहावत है कि नाक लंबी होती है, तो वह घमंडी प्रवृत्ति का होता है, शायद तभी लक्ष्मण ने सूर्पनखा का घमंड चूर करने के लिए उसकी नाक काटी थी और यदि कोई किसी विषय विशेष पर नाराज होता है तो कहते हैं उसके 'नाक लग गई' अर्थात् नाक लंबी हो गई। इन कहावतों का कुछ-न-कुछ अर्थ अवश्य है।

चायनीज पद्धति के अनुसार, नाक व्यक्ति की दृढ़निश्चयता तथा बुद्धिमत्ता का प्रतीक है। यह जीवन के 41 से 50 वर्ष तक की घटनाओं को भी बतलाती है। जहाँ मोटी व मांसल नाक भाग्य व शुभ की प्रतीक है, वहीं पतली नाक दुर्भाग्य व गरीबी को दरशाती है। नाक के कुछ प्रकार निम्न हैं—

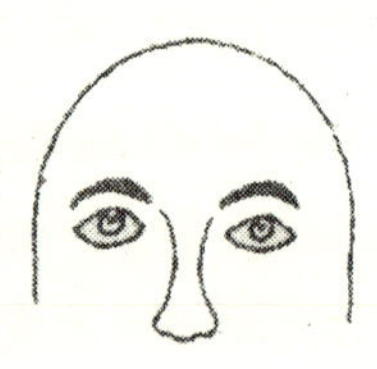

6.1 लंबी नाक : इस नाक की लंबाई लगभग माथे के बराबर होती है तथा बहुत सुंदर बनी होती है। ये व्यक्ति जीवन में सफल व भाग्यशाली होते हैं। इन लोगों में नेतृत्व क्षमता अच्छी होती है। यदि नाक की नोक मांसल हो, तो आर्थिक अवस्था भी अच्छी होती है। इन लोगों में कला के प्रति रुचि तथा दक्षता भी होती है।

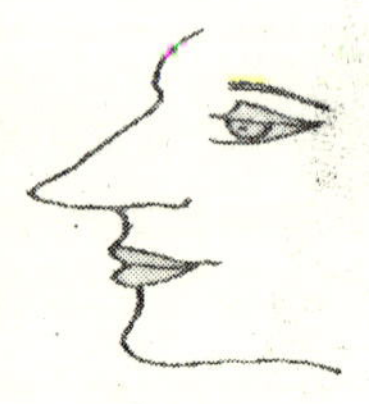

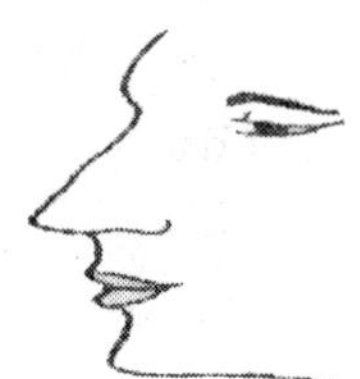

6.2 सीधी दबी हुई नाक : यह नाक ऊपर की अपेक्षा दबी हुई, सीधी पर छोटी होती है। ये व्यक्ति सामान्यतया संवेदनशील, सहिष्णु तथा स्वार्थी होते हैं।

6.3 उभरी नाक : यह नाक भी अधिकतर देखने को मिलती है। यह नाक प्रारंभ में दबी हुई, बीच में उभरी हुई तथा अंत में गोलाई लिये हुए होती है। इसे तोते की नाक भी कहते हैं। ऐसे व्यक्ति बुद्धिमान, लोभी, धन की इच्छा करनेवाले, कम विश्वासी व चतुर होते हैं।

6.4 छोटी नाक : यह नाक चेहरे से अपेक्षाकृत छोटी होती है। ऐसे जातक अनिश्चिंतता से भरे होते हैं। किसी भी निर्णय को लेने में समय लेते हैं। इनको किसी भी दिशा में मोड़ना संभव है। अतः नेतृत्व क्षमता कम पाई जाती है।

6.5 मुड़ी नाक : यह नाक आगे की ओर मोड़ लिये हुए होती है। ये व्यक्ति संवेदनशील, कोमल स्वभाववाले तथा खुशमिजाज होते हैं। अपनी सरलता से ये दूसरों को प्रभावित करते हैं।

6.6 अविकसित नाक : यह नाक छोटी तथा अविकसित होती है। ऐसे लोगों का मानसिक विकास भी कम होता है तथा वह औसत बुद्धि का ही होता है। नाक के ऊपर तिल या कोई निशान, गड्ढा शुभ चिह्न नहीं है। परिणामस्वरूप, व्यक्ति को 40–50 वर्ष में परेशानी का सामना करना पड़ता है।

7. मुँह : किसी व्यक्ति के भावों व संवेदनाओं का सूचक मुँह होता है, जिसके पात्र दो होंठ होते हैं। यह भाग 51 से 60 वर्ष तक की गतिविधियाँ व उसमें सफलता व असफलता का सूचक है। होंठों के आकार का परीक्षण पूरे चेहरे व शारीरिक लंबाई के अनुसार करना चाहिए। यदि उसमें विशेषता पाई जाती है, तो उसके परिणाम भी भिन्न हो जाते हैं। कुछ प्रकार के मुँहों का अध्ययन निम्न रूप में किया जा रहा है—

7.1 सामान्य होंठ : ऐसे मुँह में होंठ सीध में देखे जाते हैं। इन लोगों की भावनाएँ स्थिर व मानसिक विकास होता है।

7.2 वर्गाकार मुँह : यह मुँह समान रूप से विकसित होंठों के लिए होता है। ऐसा व्यक्ति सुखी, भाग्यशाली तथा बहिर्मुखी प्रतिभावाला होता है। गुलाबी होंठ होने से गुणों में वृद्धि होती है, जबकि काले होंठ होने से फलों में कमी आती है।

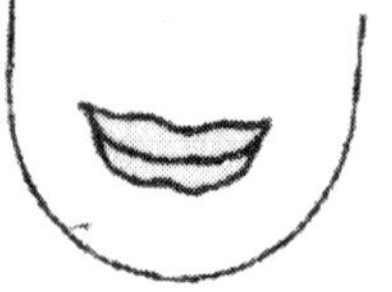

7.3 बड़ा मुँह : यह मुँह आकार में बड़ा होता है तथा होंठों की संधियाँ ऊपर की ओर उठी होती हैं। ऐसा जातक खुशमिजाज, धनवान् तथा प्रतिभाशाली होता है।

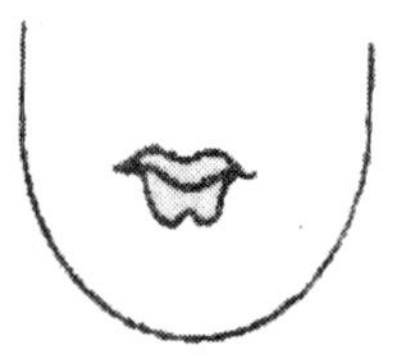

7.4 छोटा मुँह : यह मुँह चेहरे की अपेक्षा छोटा होता है। होंठ बाहर की ओर निकले पर पतले होते हैं। यह शुभ सूचक नहीं है। इस व्यक्ति को दुर्भाग्य तथा परेशानी का सामना करना पड़ सकता है।

यह माना जाता है कि यदि होंठ लंबे हों तो व्यक्ति भाग्यशाली व दीर्घायु होता है। इसके लिए दोनों होंठों का सामान्य होना आवश्यक है। होंठ की रूपरेखा के आधार पर इसका अध्ययन निम्न है—

7.5 उभरा व बड़ा होंठ (ऊपर) : यदि ऊपरवाला होंठ निचले होंठ के बाहर निकला हो तो व्यक्ति असुरक्षित भावनावाला, शर्मीला व कम ऊर्जावाला होता है। इन लोगों में नेतृत्व क्षमता कम होती है।

7.6 दबा होंठ (ऊपर) : यदि ऊपर का होंठ दबा हुआ हो तथा निचला होंठ बाहर को निकला हुआ हो तो व्यक्ति हठीला, स्वार्थी, पक्षपातवाला व चालाक होता है।

7.7 ऊर्ध्व दिशा होंठ : इन होंठों का रुझान गालों की तरफ ऊपर की ओर होता है। ये व्यक्ति आशावादी, महत्त्वाकांक्षी, सकारात्मक सोचवाले तथा उत्साही होते हैं। किसी भी कार्य को पूर्ण रूप से करके ही छोड़ते हैं।

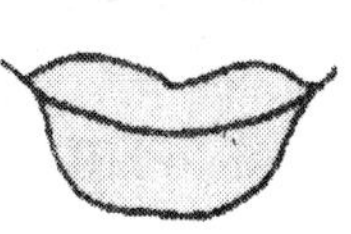

7.8 निम्न दिशा होंठ : इन होंठों का रुझान ठोड़ी की तरफ होता है। ये व्यक्ति निराशावादी, संकुचित, स्वार्थी, असामाजिक व वास्तविकता से परे होते हैं।

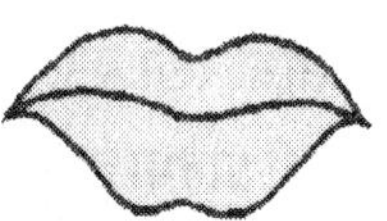

7.9 सीधे होंठ : इन होंठों की दिशा सीधी होती है। अत: ये व्यक्ति सामान्य व संतुलित व्यक्तित्ववाले कहे जा सकते हैं।

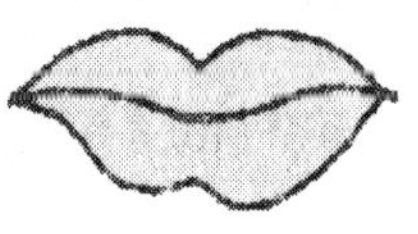

7.10 मोटे होंठ : ये होंठ अपेक्षाकृत मोटे होते हैं। ऐसे व्यक्ति ऊर्जाशील, अतिसामाजिक, स्वतंत्र विचारवाले, बातूनी तथा दूरदर्शी होते हैं।

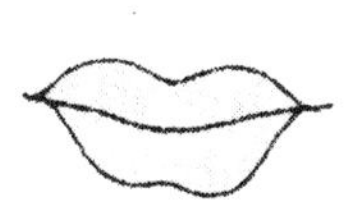

7.11 पतले होंठ : ये होंठ मुँह की अपेक्षाकृत पतले होते हैं। ऐसे लोग कम बोलनेवाले, तेज चलनेवाले, कंजूस व संकुचित होते हैं। ये लोग चालाक प्रवृत्ति के भी

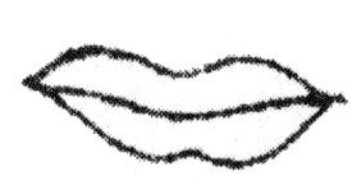

होते हैं तथा इनका भेद पाना भी मुश्किल होता है। इन्हें जीवन में कठिनाइयों का सामना भी करना पड़ता है।

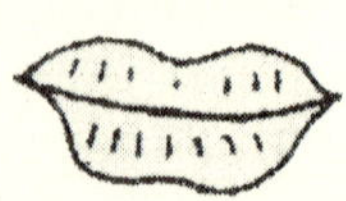

7.12 उभरे होंठ : ये होंठ बाहर की ओर उभरे व मोटे होते हैं। इनके कार्य अधिकतर दिखावे से परिपूर्ण होते हैं। ये समाज में एक स्थान बनाना चाहते हैं तथा अपनी प्रशंसा चाहते हैं।

नाक व होंठ के बीच के स्थान का अपना अलग महत्त्व है। ऐसा कहा जाता है कि इस स्थान की लंबाई आयु का निर्धारण करती है अर्थात् यदि ये स्थान लंबा हो तो आयु अधिक होती है, अन्यथा नहीं। इसके अतिरिक्त यदि यह स्थान कम है, तो व्यक्ति को जीवन के प्रारंभिक काल में परेशानी आती है तथा यदि अधिक हो, तो जीवन के उत्तरार्ध में संकट का सामना करना पड़ सकता है।

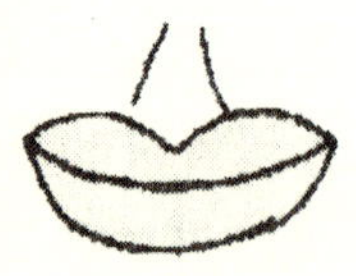

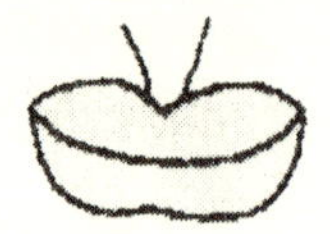

7.13 संधि रेखा : मुँह व गाल के बीच में संधि स्थान में रेखा होती है। इस संधि रेखा का भी महत्त्व है। बाईं गाल की संधि रेखा जहाँ भाग्य की सूचक है, वहीं दाएँ गाल की संधि रेखा खुशी व प्रसन्नता की द्योतक है। यदि वे दोनों असंतुलित हैं, तो व्यक्ति का अपने परिवार से जल्दी ही बिछोह हो जाता है तथा पढ़ाई-लिखाई में भी परेशानी आती है। इन रेखाओं के कटे होने से भी व्यक्ति को अपने अभिभावक संबंधी परेशानी रहती है।

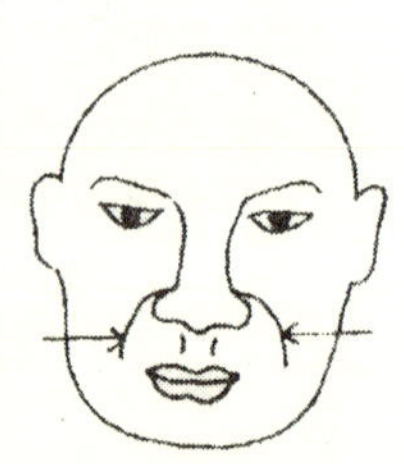

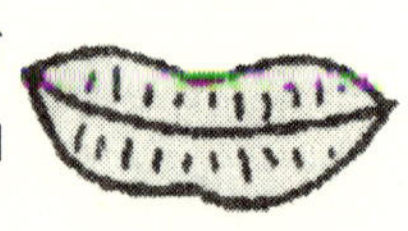

(अच्छे)

7.14 होंठों की रेखा : होंठों में रेखाएँ यदि उर्ध्व दिशा में हों, तो शुभ संकेत है। उस व्यक्ति की मित्र-मंडली अच्छी-खासी होती है तथा वैवाहिक जीवन सफल होता है, वहीं समानांतर क्षैतिज रेखा अशुभ है।

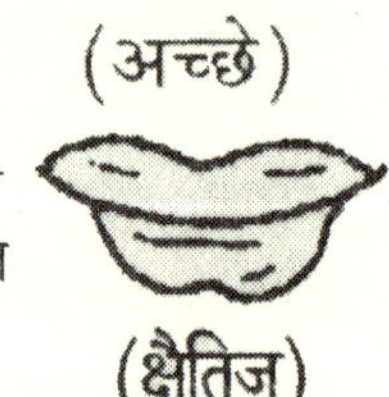

(क्षैतिज)

8. गाल एवं ठोढ़ी : लोगों को ऐसा कहते सुना जाता है कि अमुक व्यक्ति के गाल मोटे हैं, तो वह सुखवान् व्यक्ति है तथा गाल पिचकना दुर्भाग्य का संकेत है। ऐसा ही कुछ सत्य है। जहाँ ऊपरी गाल 46 व 47 वर्ष को दरशाते हैं, वहीं निचला हिस्सा 58, 59 एवं 64 व 67 वर्ष को दरशाता है तथा ठोढ़ी 61–75 वर्ष तक भाग्य का संकेत है। कुछ मुख्य गालों का अध्ययन निम्न है—

8.1 मोटे व बड़े गाल : यह गाल शुभ सूचक है, व्यक्ति प्रसन्न मुद्रावाला होता है। ये लोग ऊर्जाशील, गतिशील होते हैं या इनके क्रियाकलापों में अधिक तीव्रता के कारण गलती होने की संभावना रहती है। नेतृत्व क्षमता भी इनमें होती है।

8.2 समतल गाल : ये गाल अधिकतर बिना किसी गोलाई के होते हैं। ऐसे लोग संकुचित, अंतर्मुखी, असुरक्षित पर सामाजिक प्रवृत्ति के होते हैं। इनको अपना घर सबसे अच्छा लगता है।

8.3 पतले व पिचके गाल : शरीर की बनावट के साथ इनका अध्ययन करना चाहिए। मोटे शरीर में पतले गाल जहाँ अशुभ हैं। वहीं इकहरे शरीर में पतले गाल औसत माने जा सकते हैं। पतले-पिचके गाल अंदर की ओर होते हैं, इनमें कोई उभार नहीं होता है। अत: 46-47 वर्ष में परेशानी आती है। ये लोग भावनात्मक रूप से असंतुलित, अविश्वासी व परेशान रहते हैं। जीवन में बाधाओं का सामना करना पड़ता है।

गालों में गड्ढे होना विपरीत लिंग के प्रति आकर्षण को दरशाता है। ऐसे लोग सामाजिक तथा मित्रता पर विश्वास रखते हैं।

प्रेम भाव का संकेत ठोड़ी से मिलता है तथा 61 से 75 वर्ष तक की घटनाएँ ठोड़ी से जानी जा सकती हैं। कुछ प्रकार की ठोड़ियों का वर्णन निम्न है—

8.4 घुमावदार ठोड़ी : यह ठोड़ी आगे की ओर निकली होती है। इन व्यक्तियों का प्रेम आदर्श किस्म का होता है तथा कल्पनाशीलता, अनुशासन व विश्वास इनके परम लक्षण होते हैं।

8.5 दबी ठोड़ी : यह ठोड़ी अपेक्षाकृत दबी सी होती है। इसमें उभार नहीं होती है। ऐसे व्यक्ति आसानी से दूसरे के नियंत्रण में आ जाते हैं। इनमें शक करने की प्रवृत्ति भी पाई जाती है।

8.6 वर्गाकार तथा आगे को निकली ठोड़ी : यह ठोड़ी प्राय: पाई जाती है। वर्गाकार होने के साथ यह थोड़ा आगे की ओर निकली होती है। ऐसे व्यक्ति कार्यकुशल, विश्वसनीय, दिल के साफ व प्रेमी होते हैं। प्रेम प्रसंग भी इनका विश्वास के आधार पर ही होता है।

8.7 वर्गाकार तथा दबी ठोड़ी : ऊपर लिखे गुणों के साथ-साथ व्यक्ति आरामतलब भी हो जाता है तथा किसी भी बात विशेष पर खुलकर विचार करता है। कोई भी निर्णय विचार-विमर्श के पश्चात् ही करता है।

8.8 जबड़ा : यह भाग इच्छाशक्ति का द्योतक है। इसका माप ठोड़ी से कान के निचले हिस्से तक होता है।

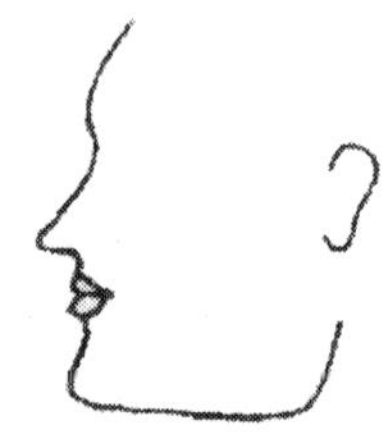

8.8.1 वर्गाकार जबड़ा : यह जबड़ा कान के निचले हिस्से में गहराई लिये होता है। इन लोगों की इच्छाशक्ति दृढ़ व जल्दी निर्णय लेनेवाले होते हैं। जीवन में ये लोग सफल रहते हैं।

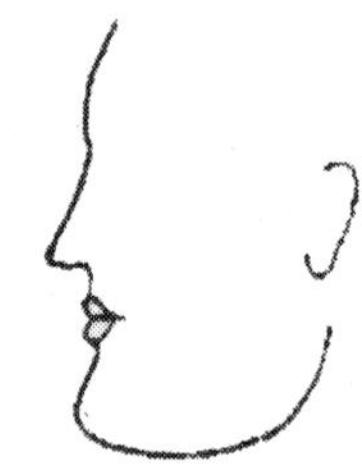

8.8.2 घुमावदार जबड़ा : यह जबड़ा कान के नीचे घुमाव लिये होता है। ऐसे व्यक्ति अध्यवसायी, अच्छे चरित्रवाले तथा आसानी से प्रभाव में आनेवाले होते हैं अर्थात् इच्छाशक्ति कमजोर पाई जाती है।

9. कान : कानों का अध्ययन भी आवश्यक हो जाता है। जहाँ बायाँ कान 1–7 वर्ष तक की घटनाओं को बताता है। वहीं 8–14 वर्ष तक की घटनाओं का पता दाएँ कान से लगता है। कानों के आकार, लंबाई व बनावट से आयु व व्यक्तित्व का पता चलता है। प्राय: यह कहा जाता है कि लंबे कानों का व्यक्ति लंबी आयुवाला एवं भाग्यशाली होता है।

9.1 ऊर्ध्व भाग : यदि यह भाग अन्य भागों से अधिक लंबा हो, तो व्यक्ति बुद्धिमान व सशक्त स्मरण शक्तिवाला होता है। ये फल और अधिक होते हैं। जब ऊर्ध्व भाग भौंह स्तर से ऊपर हो।

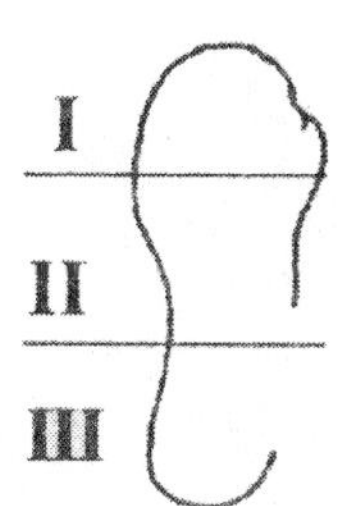

9.2 मध्य भाग : यदि यह भाग बड़ा हो तो व्यक्ति कलाकार प्रवृत्तिवाला, कल्पनाशील व बुद्धिवाला होता है।

9.3 निम्न भाग : इस भाग के लंबे होने से व्यक्ति संवेदनशील व धैर्यवान् होता है। यदि यह भाग अधिक मोटा हो तो भाग्यशाली होता है, जबकि पतला होने से जीवन में परेशानी आती है। कान के भाग का फल कानों के आकार के साथ होना आवश्यक है, क्योंकि ये फल आकार के साथ घट–बढ़ सकते हैं। कानों का आकार निम्न है—

9.4 आयताकार कान : ये कान आयताकार होते हैं। ऐसे व्यक्ति सफल, संवेदनशील व धैर्यवान् होते हैं अर्थात् गुणी होते हैं।

9.5 नुकीला कान : इस कान का निम्न भाग नुकीला होता है। ये व्यक्ति कलाकार, चालाक, आत्मभाषी व सावधान प्रवृत्ति के होते हैं।

9.6 लंबे कान : ये कान चेहरे के अपेक्षाकृत लंबे होते हैं। ये लोग दृढ़निश्चयी, ईमानदार व लंबी आयुवाले होते हैं। यहाँ पर यह बताना आवश्यक है कि कान की लंबाई चेहरे के अपेक्षाकृत होनी चाहिए।

9.7 गोल कान : ये कान गोलाई लिये होते हैं। ऐसे लोग कलाप्रेमी, कल्पनाशील, मधुर स्वभाववाले व लोकप्रिय होते हैं।

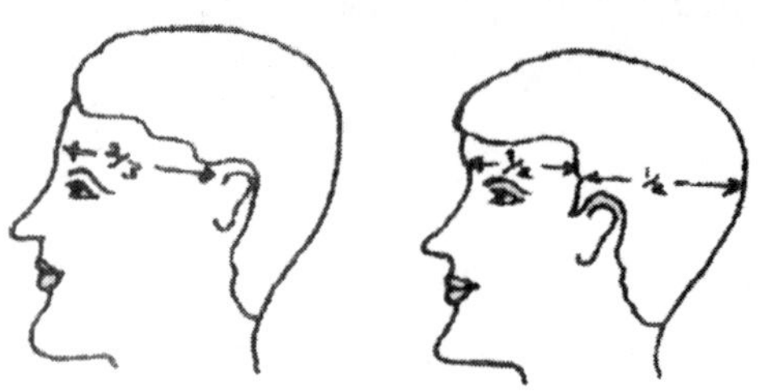

कान की स्थिति का भी प्रभाव पड़ता है। यदि कान की स्थिति सिर की अपेक्षा 2/3 भाग अग्र व 1/3 भाग पिछला हिस्सा हो, तो व्यक्ति कुशाग्र बुद्धि का होता है। यदि यह मध्य भाग में स्थित हो, तो औसत बुद्धि समझी जा सकती है।

□

अंतत: सफल व्यक्ति का चेहरा

अभी तक पाठकों को यह ज्ञान हो गया होगा कि सफल व्यक्तित्व का चेहरा किस तरह का होना चाहिए, जिससे अपेक्षाकृत कोई भी व्यक्ति अपने चेहरे का विश्लेषण कर सकता है। ये लक्षण हैं—

1. चौड़ा माथा
2. मोटी भौंहें, दूरी लिये हुए
3. बड़ी आँखें
4. लंबी व मांसल नाक
5. नाक व होंठ के मध्य औसत दूरी
6. बड़े व मोटे (औसत) होंठ
7. उभरी व बड़ी ठोड़ी
8. उभरे गाल

इन्हीं सिद्धांतों के आधार पर पाठकगण अपनी मुखाकृति का अध्ययन कर सकते हैं तथा अपने संपर्क में आनेवाले अन्य व्यक्तियों का भी पता लगा सकते हैं।

□

अपने व्यक्तित्व की पहचान कैसे करें

पिछले अध्यायों में लिखे विवरण के अनुसार अपनी पहचान की जा सकती है, पर कभी ऐसा प्रतीत होगा कि किसी एक वर्ग के लक्षण दूसरे से नहीं मिलते हैं। इसके निवारण के लिए पाठकों को चाहिए कि जो गुण या लक्षण एक से अधिक वर्ग में हैं, उसका प्रभाव व्यक्तित्व में अधिक रहेगा तथा अन्य का गौण रूप से। इसके अतिरिक्त पाठकों को चाहिए कि अभी तक जीवन अनुभव के आधार पर व्यक्तित्व लक्षणों के अनुसार अपनी पहचान करें।

अपनी पहचान के वर्ग हैं—

सूर्य-चिह्न द्वारा

विशेषांक द्वारा

लेखन द्वारा

चेहरे द्वारा।

सूर्य-चिह्न की विशेषताएँ मुख्य हैं, अन्य वर्गों का क्रम उसके पश्चात् आता है। उदाहरणस्वरूप, यदि किसी व्यक्ति के लक्षण सूर्य-चिह्न के आधार पर महत्त्वाकांक्षी, भाग्यशाली व सफल व्यक्तित्व के आते हैं तथा अन्य वर्गों में भी इसी गुण को दरशाया गया है, तो निश्चित रूप से वह व्यक्ति महत्त्वाकांक्षी, भाग्यशाली व सफल होगा। अन्य वर्गों में यह गुण आलसी, परेशानीयुक्त, दुर्भाग्यशाली आता है, तो सूर्य-चिह्न द्वारा दर्शित गुणों में कमी आ जाती है। यह ठीक उसी तरह होता है, जिस तरह गणित में दो धन राशियाँ जोड़ने से अंक बढ़ जाता है तथा धन व ऋण राशि को जोड़ने से धन राशि कम हो जाती है।

वर्गों के आधार पर समुचित विश्लेषण के पश्चात् अपनी पहचान पाठक कर सकते हैं कि उनका व्यक्तित्त्व एवं जीवनक्रम किस तरह का रहेगा तथा उसी आधार पर अपने जीवन का प्रबंधन कर सकते हैं। यदि फल आता है कि जीवन में अधिक जोखिम नहीं लेना चाहिए, तो व्यक्ति को चाहिए कि वह जोखिम भरे कार्य न करे। इसका प्रयोग अधिकारी वर्ग अपने नियंत्रण में कर्मचारियों से अधिकाधिक कार्य, उनकी क्षमतानुसार लेने के लिए कर सकते हैं। यदि व्यक्ति विशेष सामाजिक, सफल व प्रबंधन में सक्षम है, तो उस गुण के अनुसार कार्य में लगाने से सफलता मिल सकती है। यदि कोई कर्मचारी नेतृत्व क्षमता रखता है, तो उसके गुण का प्रयोग ऐसे समय में किया जा सकता है, जिस समय उसकी आवश्यकता हो।

अभिभावकगण अपनी संतानों के गुणों के आधार पर उनकी शिक्षा इत्यादि की व्यवस्था कर सकते हैं, जबकि पति-पत्नी अपने जीवनसाथी के गुणों को जानकर अपना जीवनयापन कर सकते हैं। प्रेमी-प्रेमिका एक-दूसरे के जीवन को जानकर आपसी व्यवहार कर सकते हैं। कर्मचारी अपने अफसर के गुणों को जानकर अपनी कार्यप्रणाली नियत कर सकता है। किसी संस्था का प्रबंध निदेशक अपने सहयोगियों के गुणों के आधार पर उनको समुचित स्थान दे सकता है।

पाठकों से अनुरोध है कि वे अपने गुणों का समुचित विश्लेषण कर उसका समुचित लाभ उठाकर इस छोटी सी जीवन अवधि को सफल बनाएँ तथा समाज में अपनी पहचान बनाएँ।

□

'सकारात्मक सोच, जीवन नि:संकोच'

लेखक की कुछ सफल भविष्यवाणियाँ :

1983 में पहली बार जब अपने आप जातक कुंडली बनाई, उसके पश्चात् ज्योतिष विज्ञान तथा उनसे संबंधित अन्य विज्ञानों का बहुत ध्यान से अध्ययन किया। जातक कुंडली के अतिरिक्त देश की राजनीतिक भविष्यवाणियाँ भी कीं।

उसमें से कुछ सफल भविष्यवाणियाँ निम्न हैं—

1. 1989 चुनावों का समय
2. वी.पी. सरकार का पतन
3. चंद्रशेखर सरकार का पतन
4. 1991 चुनावों का समय
5. 1991 चुनावों में भिन्न राजनीतिक दलों की सीटें
6. 1994 सूर्यग्रहण के पश्चात् प्रधानमंत्री की मुश्किलें
7. 1996 चुनावी फल
8. अटल बिहारी वाजपेयी का प्रधानमंत्री पद
9. नरसिंहाराव का पतन
10. 1997 में नारायण दत्त तिवारी का पुनः भाग्योदय
11. 2.10.1997 के पश्चात् इंद्र कुमार गुजराल सरकार का पतन
12. 1998 लोकसभा चुनाव समय

13. सोनिया गांधी का दिसंबर 1997 के पश्चात् सक्रिय रूप से राजनीति में आना
14. 1998 : त्रिशंकु लोकसभा
15. 1998 : किसी नेता को खतरा : कोयम्बटूर घटना

□□□